霓裳银装

贵州少数民族文物辑萃

宁夏博物馆·贵州省博物馆　编著

Rainbow-colored and
Silver Ornamented Costumes-
Collection of Minorities'
Cultural Relics in Guizhou

文物出版社

展览主办单位：宁夏博物馆　贵州省博物馆

展览策划统筹：李进增　李黔滨

展览项目负责：陈永耘　刘秀丹

展览内容设计：王　舒　张桂林　吴一方　纳　蕾　金飞尧

展览形式设计：赵　涛　强　辉　关静婷　简小艳　王　进　赵　伟

参 展 人 员：赵富春　海兴华　马伟国　王　瑞　王效军

　　　　　　　李海东　张昊帆　刘红英　冯海英　张瑞芳

　　　　　　　金　萍　包熙琨　杨云峰　陈雨欣

编委会名单

主　　　编：李进增　陈永耘

编委会委员：李黔滨　梁应勤　张兰冰　李　彤

　　　　　　朱良津　魏　瑾　陈维他　李建军

图 录 撰 稿：陈永耘　王　舒　刘秀丹　张桂林

　　　　　　吴仕忠　纳　蕾　吴一方　金飞尧

资 料 提 供：贵州省博物馆

翻　　　译：利兰斌

目　录

致 辞

　　七月湖城，溢彩生辉；笙歌鼓舞，飞扬塞上。由宁夏博物馆和贵州省博物馆联合举办的《霓裳银装——贵州少数民族民俗风情展》即将在宁夏博物馆隆重开展，此展览是宁夏博物馆自免费开放以来策划举办的系列展览之——《西部少数民族文物系列大展》的又一鼎力之作，承前启后，将宁夏这个回族之乡装扮得更加绚丽多彩，民族气息更加馥郁芬芳。

　　贵州省位于中国西南部，是一个山清水秀、气候宜人、民族众多、资源富集、发展潜力巨大的省份。贵州的山，层峦叠嶂，秀峰林立，俊俏挺拔；贵州的水，蜿蜒流淌，柔美多姿，奔腾不息；贵州的草海，绿波浩淼，翠若碧玉，被誉为"高原上的明珠"。这方青山秀水哺育了淳厚朴实、善于创造的贵州人民。她犹如深藏闺中的聚宝盆，让这些凝聚贵州少数民族人民勤劳智慧的、原生的民族文化得以保存、发展和传扬。

　　此次展览是贵州省博物馆从两万余件馆藏文物中精选出的600余件（套）贵州少数民族服饰、银饰，是集贵州省博物馆馆藏精萃之作，是贵州省博物馆全体同仁数十年研究成果的真实展现，更加直观、生动地丰富了宁夏博物馆的展示平台。尤其李黔滨馆长拨冗去繁，结合展览百忙之中为本书撰写的专题文章，提升了展览的学术层次，打开了观众的欣赏视野，实为本书的精华所在，具有导读意义。

　　淳朴、美丽、多彩、神秘、豪放、激扬的贵州少数民族之花，将伴着宁夏的花儿，绽放在塞北的江南。也希望宁夏博物馆和贵州省博物馆以此为契机，加强西部区域合作，实现文物资源共享，共同唱响和谐的民族欢歌。最后，我谨代表宁夏博物馆向给予此次展览大力支持的贵州省博物馆的各位同行表示诚挚的谢意！

　　预祝展览圆满成功！

宁夏博物馆馆长

李佳增

Ceremonial Speech

The Ningxia Museum and Guizhou Provincial Museum co-hold the "Rainbow-colored and Silver Ornamented Costumes - Exhibition of Folk-custom of Minorities in Guizhou" and will be displayed in Ningxia Museum. The display is one of series exhibition of Western Minorities' Cultural Relics, which is planned and hold since the museum free open to the public. Due to these exhibitions, the home of Hui nationality in Ningxia is decorated more gorgeous, and national flavor is stronger than ever.

Guizhou Province lies in southwest of China. It is a place of picturesque scenery, pleasant weather, diversified peoples, rich resources, and great potential development. For the mountains in Guizhou, peaks rise one higher than another with green forest and straight trunks of trees; as for water in Guizhou, rivers follow their wandering course, soft and charming, running without pause; Caohai in Guizhou is known as "shinning peal on the plateau", and wide green waves look like jasper. The beautiful mountains and rivers nourish simple and creative Guizhou people. It's like an enveloped treasure basin that aboriginal national culture condensed minorities' hardworking and wisdom can be preserved, developed and spread.

The exhibits displayed in the exhibition are more than 600 pieces minorities' costumes and silver ornaments carefully chosen from over 20000 pieces cultural relics in Guizhou Provincial Museum. They are masterpieces of the Guizhou Provincial Museum, as well as the real presentation of whole staff's studying results for more than 10 years, which are more intuitively and vividly enriched the display platform of Ningxia Museum. I should like to mention that the Curator Lee Qianbin found time in the midst of his work and wrote the special article for the book, which raises the academic level of the exhibition and opens the audience's appreciation view. This is really the essence of the book and has the guiding significance.

The simple, beautiful, colorful, mysterious, unrestrained, and vigorous minorities' national flower of Guizhou will be opened along with the flower of Ningxia in the northern place with delicate southern scenery. I also hope that Ningxia Museum and Guizhou Provincial Museum will provide us with a new opportunity to enhance western regional cooperation and realize resource sharing on cultural relics and sing the harmonious national song. In the end, I express my sincere appreciation to all staffs of Ningxia Museum for providing great support to the exhibition, and I wish the exhibition will be successful.

Curator of Ningxia Museum

Li Jinzeng

致 辞

　　贵州是一个多民族的省份，自古以来，苗、布依、侗、水、仡佬、彝、土家等 17 个世居少数民族就在这片土地上生息繁衍，全省少数民族人口约 1400 万，占全省总人口的 36.7%。正因为如此，贵州以其丰富的民族文化资源、种类繁多的民族文物，越来越受到国内外的极大关注。同时，贵州拥有丰富的非物质文化遗产资源，特别是众多的历史上曾经盛行中原而最终消失的文化事项，至今仍世代传承。

　　贵州还是一个"服饰大省"。单论苗族，贵州境内就分布着一百多个穿着不同服饰的支系，此外尚有侗族、布依族、水族、彝族等民族。与此相应，贵州少数民族的纺织品也异常精美，无论就其工艺性、艺术性还是文化性，在世界诸多少数民族中都堪称之最。

　　我馆自 20 世纪 50 年代，就开始对民族文物进行征集，这次和宁夏博物馆联合举办的《霓裳银装——贵州少数民族民俗风情展》所展的 600 余件（套）展品，正是从我馆近两万套馆藏民族文物中精心选出的。每一套服饰、每一张袖片，无一不是贵州少数民族妇女的智慧结晶；每一件银饰、每一件背扇，无不充分展示贵州少数民族的深厚文化和独具魅力的艺术色彩。

　　在当前免费开放的形势下，引进展览越来越成为博物馆联系所在地广大观众的重要手段。通过不断引进展览，逐步把不同国度、不同地域、不同民族的特色文化和文物瑰宝荟萃一地，使观众不出城，能睹天下物。而这正是博物馆在传播文化的同时，不断为广大观众营造、提供精神食粮、文化大餐的优势所在，也是博物馆功能对接时代、服务社会的最好发挥。

　　感谢宁夏博物馆本着文化多元化的宗旨，为《霓裳银装——贵州少数民族民俗风情展》提供了展示的平台，使贵州民族文物得以在"塞上江南"一展风姿。也借这次展览，希望促进和加强两馆之间的文化交流，增进两省之间各民族的相互了解，为两省之间各民族的团结做出有益的贡献。

　　预祝展览圆满成功！

贵州省博物馆馆长

李黔滨

Ceremonial Speech

Guizhou is a multinational province. From ancient times, 17 indigenous minorities live and multiply on this land, i.e. Miao, Buyi, Dong, Shui, Gelao, Yi, Tujia, etc. The population of minorities in Guizhou is about 14 million, accounting for 36.7% of the total population of the province. For this reason Guizhou has been paid great attention at home and abroad for its rich national cultural resource and diversified national cultural relics. Besides, Guizhou has rich immaterial cultural heritages, especially those prevailed in Central Plains and eventually disappeared cultural items in history are still handed down from generation to generation.

Guizhou is also a "big province of costume". Taking Miao people for example, there are over 100 branches in Guizhou wearing different costumes. Besides, Dong, Buyi, Shui, Yi people are also in similar condition. The textiles of minorities in Guizhou are really exquisitely made. No matter from workmanship, artistry, and culture, it is outstanding among minorities all over the world.

Since 1950s, we started to collect national cultural relics. Over 600 pieces (sets) of exhibits are meticulous picked out from 20000 sets housed in our museum. Each set of costume and each piece of sleeve are all intelligence gathering of minority women of Guizhou. Each piece of silver ornament and each "Beishan" (tools of carrying child used by minority women) are all revealed profound culture and unique striking art form.

Under the current free and open situation, introducing exhibition is more and more becoming an important way of getting in touch with wide audience. Through constant introducing exhibitions, the characteristic culture and cultural relics of different countries, regions and nations are gathered in one place for audience to appreciate without outing. This is the advantage of museums creating and providing spiritual nourishment and cultural feast, as well as playing a big role in connecting with the age and serving the society while propagating culture.

We are really appreciated for Ningxia Museum in line with the principle of cultural pluralism providing a display platform to exhibit national cultural relics of Guizhou in Ningxia. We also wish, after the exhibition, the cultural exchange between the two museums can be promoted and enhanced, and mutual understanding between peoples of the two provinces can be furthered, as well as valuable contribution to national unification between peoples of two provinces can be made.

I wish the exhibition will be successful.

Curator of Guizhou Provincial Museum

Li Qianbin

序

　　中国西南部的贵州，是一片神奇的土地，这里有生态完好的自然风光和浓郁的民族风情。苗、布依、侗、土家、彝、仡佬、水、回、白、畲、瑶、仫佬、壮、蒙古、满、毛南、羌等17个古老的民族世代居住在这里。众多的民族，悠久的历史，多样的文化，加之相对封闭的地域环境，使贵州民族文化具有底蕴丰厚又多姿多彩的特性，其中最为典型的是服饰。贵州少数民族服饰保留了历朝历代的服饰特征，造型艺术之多样、装饰手法之新颖、工艺技术之精湛、文化内涵之丰富，在世界服饰文化中实为罕见。服饰上使用图案符号记录着的民族历史、图腾崇拜、传说故事，使服饰成为珍贵的无字典籍。

　　本展览以贵州少数民族服饰套装及其工艺为主，配以风光、风情习俗图片和影视图像等，立体地、多侧面地展示了贵州少数民族服饰文化。600余件精美的少数民族服饰及装饰工艺品，不仅使观众了解到贵州少数民族和谐自然、勤劳淳朴的劳作生活，以及神秘而厚重的文化古风，而且还能从中得到有益的体验和愉悦的享受。

Preface

Guizhou, in the south-west of China, is a piece of magical land. Here has well-preserved ecological natural scenery and rich ethnic customs. There are 17 ancient nationalities living here for generations, such as Miao, Buyi, Dong, Tujia, Yi, Gelao, Shui, Hui, Bai, She, Yao, Mulam, Zhuang, Menggu, Man, Maonan, Qiang, etc. Numerous nationalities, long history, diversified culture, and relatively closed regional environment make Guizhou have brilliant cultural background and colorful culture, among which costume is the most typical one. Minorities' costumes in Guizhou Province have preserved features of past dynasties. Its diversified plastic arts, new style of ornament, perfect craftsmanship, and rich cultural connotation are rarely seen in the world costume culture. The design and symbols on costumes recording national history, Totem Adoration and legend make costume become rare no-word ancient records.

The exhibition display culture of minorities' costume in Guizhou in multi-plane and multi-orientation, mainly involved minorities' suits and their craftwork in Guizhou and displayed with pictures and images of natural scenery and ethnic customs. Over 600 pieces of beautiful minorities' costumes and ornaments not only make audience understand minorities' natural, harmonious, industrious and unsophisticated work and living in Guizhou and mysterious and strong archaic culture, but also attain beneficial experience and pleasing enjoyment.

贵州世居少数民族简表

序号	民族	人口	主要分布地区
1	苗族	419万	省内各地均有分布，黔东南、黔南、贵阳、安顺、毕节、六盘水人数最多
2	布依族	284万	主要分布在黔南、黔西南、贵阳、六盘水等地
3	侗族	160.7万	主要分布在黔东南、铜仁等地
4	土家族	120万	主要分布在黔东北的铜仁地区及相邻的遵义、黔东南部分乡镇
5	彝族	81.2万	主要分布在毕节、六盘水及黔西南部分地区
6	仡佬族	49.4万	主要分布在遵义、安顺及六盘水、铜仁等地区，是贵州古老的土著民族
7	水族	37万	主要分布在黔南及黔东南部分地区，三都是我国唯一的水族自治县
8	回族	14.5万	主要分布在毕节、六盘水、黔西南等地区

9	白 族	14 万	主要分布在毕节地区
10	瑶 族	4.5 万	主要分布在黔南、黔东南的南部
11	壮 族	4.3 万	主要分布在黔南、黔东南的南部
12	畲 族	4.15 万	主要分布黔东南、黔南部分地区
13	毛南族	3.7 万	主要分布在黔南部分地区
14	仫佬族	3.3 万	主要分布在黔东南及黔南部分地区
15	蒙古族	2.8 万	主要分布在毕节地区
16	满 族	1.9 万	主要分布在毕节地区
17	羌 族	0.11 万	主要分布在铜仁地区

注：表中人口数源自 2000 年全国第五次人口普查统计结果

贵州苗族银饰简述

贵州省博物馆　李黔滨

　　贵州是个多民族省份，境内有苗、布依、侗、水、仡佬、瑶等17个世居民族。其中苗、布依、侗、水、瑶等民族都有以银为饰的习俗，程度上有不同，以苗族为最。由于苗族在历史上频繁迁徙，不断分散，栖居地又受到山地环境的限制，致使内部支系林立，因而也形成了苗族文化的多样性特征。据《中国苗族服饰图志》记，仅贵州境内不同的苗族服饰就有125种。其他如侗、布依、水等民族，内部也都存在分支。作为服饰的组成部分，银饰亦因支系不同而造型各异，加上苗族饰银之风甚盛，贵州一省的民族银饰可谓品种繁多、难以悉数。

一

　　民族银饰的相关记载首次出现于明郭子章《黔记》。而且自此以后，见载渐多。如"富者以金银耳珥，多者至五六如连环"。"妇人盘髻，贯以长簪，衣用土锦，无襟，当服中孔，以首纳而服之"。妇女"服短衫，系双带结于背，胸前刺绣一方，银钱饰之"。"未娶者以银环饰耳，号曰马郎，婚则脱之。妇人杂海铃、栾珠，结璎珞为饰。处子行歌于野以诱马郎"。从这些记载中，我们可以清晰地看到，出现于明代后的贵州民族银饰，很快分离出头饰和身饰两大类别，而且，当时出现了以"银环饰耳"来作为"未娶者"的标识。也正是随着这种区分婚否的标识作用的产生，标志着民族银饰已经具备了最初的习俗功能。在清代史籍中，有关民族银饰的记载明显多于前朝。首先，是银饰种类增多。清龚柴《苗民考》载："富者用网巾束发，贯以银簪四五支，长如匕，上扁下圆，左耳贯银环如碗大，项围银圈，手带银钏"。"妇女服饰银簪、项圈、手镯等皆如男子，惟两耳贯银"。"富者戴大银梳，以银索密绕其髻腰"。其次，银饰逐步普及。不仅不同性别皆有佩戴，而且不拘老少，不论贫富，皆以佩戴为荣。"无老少，腕皆约环，环皆银"。实在戴不起手镯的贫者，也竞相仿效，"以红铜为之"。再次，追求银饰数量愈多愈好，在佩戴方式上呈现出堆砌的审美特征及趋向。"项着银圈，富者多至三四，耳珰垒之及肩"。"项带银圈七八颗，青苗东莱不郎当"。这种追求佩戴数量的心理，不仅延续至今，仍然影响着当代苗族银饰的佩戴风格，而且还直接影响了银饰的造型和款式。当代流行的数圈甚至数十圈为一套的银项圈（俗称排圈），正是这种心理的物化反映。最后，银饰在这一时期开始渗入各族的婚恋生活，银饰的习俗功能进一步得到强化。"孟春合男女跳月，择平壤为月场，皆更服饰妆，男编竹为芦笙吹之而前，女振铃继于后以为节，并肩舞蹈，回翔宛转，终日不倦"。在这里，银铃无疑已在恋俗中起到道具的作用。"花苗新婚男戴银包牛角，妇戴鲜花拜堂"。银饰作为标志和凭证，开始进入苗族的婚俗仪式。

　　至此，我们应该对贵州民族银饰的历史有个大体的推证。唐宋时期，中央王朝在西南地区设置经制州、羁縻州，加强对这一地区的管理经营，使汉族同各族在经济文化等方面的联系逐步加强。南宋时期，南方更是远离角逐场所，处于相对稳定状态。这一时期，较为集中地记录南方少数民族的私人著述开始出现，较具代表性的有朱熹《记三苗》、朱辅《溪蛮丛笑》、范成大《桂海虞衡志》、周去非《岭外代答》等，但均无出现有关银饰的记载。倒是朱辅《溪蛮丛笑》有载"山婚娶聘物以铜与盐"一段，把铜与在山区无疑天价之物的盐并奉为聘礼，说明当时西南山区尚无在价值上超过铜的金属出现。这进一步证实贵州各族至宋代尚无饰银习俗。

明代史籍首次出现民族银饰以后，相关记载骤增，恍若一夜之间发生了文化突变，现象十分奇特。至清代，银饰在包括苗族的各族中日趋普及和流行，形成饰俗。因此，笔者认为，尽管苗族银饰流传在运金运银、打柱撑天、铸日造月的古老传说，但苗族银饰的历史远不如那么久远。苗族银饰的历史应该是肇始于明代，普及于清代。当然，这同样也是贵州境内各族饰银习俗的发端及流行的时期。

二

人类服饰文化的发展有一个共性的规律，即从简单到复杂，从朴素实用到追求华美。民族银饰的出现，标志着贵州各民族的服饰文化观念进一步把重心从实用转移到更偏重审美价值的展示上，这对于研究各族服饰的发展都具有阶段划分的意义。

自明代以来的几百年中，民族银饰，特别是苗族银饰从无到有，从简到繁，至今已发展为民族文化艺术的一大门类，并成为苗族最有特色的文化门类。

民族银饰的种类很多，从头到脚，无处不饰。计有头饰、胸颈饰、手饰、衣饰、背饰、腰坠饰，个别地方还有脚饰。

（一）头饰

头饰包括银角、银扇、银帽、银围帕、银飘头排、银发簪、银插针、银顶花、银网链、银花梳、银耳环、银童帽饰等。

1. 银角

苗族银角分三种类型，即西江型、施洞型、排调型。西江型银角两角分叉，主纹通常为二龙戏珠形象，龙身、珠体均为凸花，高出底面约 1 厘米。西江型银角因体积大而颇具特色，其宽约 85 厘米，高约 80 厘米，饰件高度超过佩戴者身高的一半，即使在世界上也堪称一绝。姑娘们佩戴时还要在银角两端插上白鸡羽，鸡羽随风摇曳，使银角显得更为高耸，巍峨壮观中兼有轻盈飘逸之美。西江型银角造型简朴，线条明快，最具古风。施洞型银角又称银扇，因其分叉的两角间均匀分布四根银片颇类扇骨而得名。银角主纹亦为二龙戏珠，龙、珠皆单独造型制作，用银丝同主体焊连；两角顶端为钱纹，四根银片高过两角；顶端为蝴蝶，蝶口衔瓜米垂穗；银片间立六只凤鸟，展翅欲飞。各型银角中，施洞型银角造型最繁缛奢华，制作亦最为精细。佩戴者行走时，银角上龙凤颤动，跃然髻顶。同为银扇形的舟溪苗族银角，两角间有数枚扇片不等，无装饰，薄而轻。排调型银角，两角同上述两种银角有所区别。其一，佩戴不是靠插针，而是靠银片紧裹头帕起到固定作用。其二，银角似角似羽，两角一分为二，远观似角，近观如羽；正中升出一支，顶端则明显为变形银羽；突出三支皆插白鸡羽。造型主题的含混冲突，是根植于制造者宗教观念中万物有灵意识的物化。经实地考察，排调为巫术发达地区，当地敬奉的神祇共 148 种。

三都水族戴的角冠为双角冠。大角其外，角弧内平行一小角，略高于大角，角正中耸一根银羽。银角两端皆分三叉，呈羽状，扎饰红、绿小绒花。其小于苗族银角，造型却更繁杂，色彩也更热烈。

2. 银帽

苗族银帽分为三种类型，即重安江型、雷山型、革东型。银帽为苗族盛装头饰，由众多的银花及各种造型的鸟、蝶、动物和银链、银铃组成，给人以满头珠翠、雍容华贵的印象。重安江型银帽为半球形，全封顶。分内外两层，内层用缠布铁丝编成适于顶戴的帽圈；外层分三段，上段为帽顶，通冠由成百上千的银花组成，簇簇拥拥，十分繁密。帽顶正中，银扇高耸。银扇四周，有数只凤鸟、蝴蝶、螳螂高仁花簇之上，或翔或踞，形态逼真。中段帽箍为压花银片，上有二龙戏珠纹样，两侧有孩童嬉戏形象。下段沿帽箍垂下一排吊穗，皆以银链相连，银铃叮当。冠后拖三级银羽，共十二根，羽长及腰。雷山型银帽上大下小，无顶，通高约30厘米。其特点是注重突出帽围的平面装饰，帽围约10厘米高的银片上布满凸纹动物及花卉形象，帽围前叠饰蝶、鸟等单体银片，并以银丝焊连，层次感极强。帽顶为颤枝银花，银光闪烁，花姿绰约。银帽下部为齐眉流苏，密匀整齐。革东型银帽，半封顶，是银抹额和银簪的组合体，较为简单。

侗族也有戴银花帽的习俗。侗族银花帽实际上是分体的银抹额和银羽簪的组合。银抹额内衬镶绿边红头帕，沿额边一排银泡花，额顶为一小银雀，齐羽处为银蝶坠吊，饰红、绿小绒花。

3. 银围帕

银围帕有两种类型，一种是将散件银饰固定在头帕上，另一种则整体为银制，内衬布垫或直接固定在头上。贵州都匀坝固苗族将五件银帽饰缀在红绿竖条相间的头帕上，正中帽饰稍大，缀于额中部，其余四件稍小，对称缀于两耳前后，均为镂空银花。该头帕银色闪烁，布帕绚丽，相得益彰，颇有特色。罗甸逢亭苗族在青色包头帕上横排五个圆锥形银饰，纹样皆为铜鼓纹，并以两根银链相连。每个圆锥形皆垂吊有蝴蝶瓜米穗。雷山苗族把二十个涡纹银帽饰分上下两排对称地钉在15厘米高的红布上，排间缀长方形银花片，红白相衬，色彩对比鲜明。整体为银制的以施洞苗族银马围帕最为精致。其分三层，上层为二十九个芒纹圆形银花；中层正中镶嵌圆形镜片，镜片两侧各有十四位骑马将士；下层为垂穗。银马围帕以骑马将士为主纹，兵士们披盔戴甲，队列整齐；骏马蹄踏银铃，威武雄壮。贵州凯里舟溪苗族的银帕中间宽，两端窄，系于额际，颇类古代首饰中的抹额。从江西山侗族，不拘男女，皆以银围帕为饰。帕衬为红布，缀银花、银蝶、银片、银吊等，有序组合；男子头顶插银羽簪，女子头顶除插簪外还要满戴彩色布花。

黎平滚董瑶族的银帕也是以红布帕为衬，缀银锥角、银片，正中插三层银角，角中为芒纹圆片，两侧插银羽饰。该银帕综合了毗邻的苗、侗、水等族的银饰纹样，是一值得研究的表象文化个例。

4. 银发簪

苗族银发簪式样极多，题材以花、鸟、蝶为主。虽然同样是花，但单瓣、复瓣，或束或簇，繁简密疏，造型大不相同。就风格而言，有的发簪纤巧细腻，灵秀生动；有的古拙朴实，浑厚凝重，各具特色。雷山西江苗族银发簪数十朵连枝银花呈扇形展开，绿、黄、红、白四色料珠填饰花蕊；扇心有五只银凤昂首欲鸣；其排列疏密有致。发簪平伸髻后，如雀尾般散开，很是美丽。凯里苗族的银蝶发簪三支为一套，五花银簪插在髻顶，双花银簪分插左右。施洞苗族银凤发簪造型生动，凤头冠雄喙秀，凤颈用银丝编织，质感极强。

侗族银簪以羽毛造型为多。榕江乐里侗族为三支银羽一组，中间一支直插，两旁微斜。从江皮林侗族银簪，羽片中段有银雀及六支芒纹银片，造型较之单纯的银羽簪有所发展。荔波瑶篦瑶族亦为银羽簪，分四岔，间隔宽，在所有银羽簪中，风格最朴实，线条最简练。印江土家族银簪为花纹或寿字纹等，做工极精，纹样汉化明显，系老辈子遗传，现已很少见到。

5. 银插针

银插针同属银发簪类，但通常造型简单，因此单独列类介绍。

插针的类型很多，有叶形银插针、挖耳银插针、方柱形银插针、线纹镶珠插针、几何纹银插针、寿字银插针、六方珠丁银插针等等，数不胜数。

苗族插针的佩戴方式各有不同。龙里苗族银插针为三个银泡，每个银泡上吊三个银铃，插于髻后。施洞苗族龙首插针大小不等，大的用于节日，小的为日常生活中所佩戴。其插法为横向贯穿顶髻，髻右留出一截簪杆斜出髻顶，格外惹人眼目。黎平苗侗宽花插针形若匕首，柄部为双层桃形，中间高，四周薄，上部饰有单层花瓣，造型与众不同。从江苗侗的斗笠插针，斗笠造型的簪首独具特色，一式数支，团团围住发髻，虽不能遮风避雨，却熠熠生辉，别有一番情趣。贵阳苗族银牛角簪造型如银筷，十支一套，每支根部皆垂有吊穗，佩戴时自左向右插入发髻，横成一排，远观犹如排炮。安顺长树角苗族的银筷插簪，其长如筷，插髻后从前方伸出极远。估计此髻原与苗族的古老发式——"鬃首"配合使用。毗邻的布依族亦有使用的，估计系受苗族影响形成。

6. 银网链饰

银网链饰属发簪类，都柳江流域较多见。典型的有坠鱼五股网链饰，由插针穿环固定，五股银链如网张开，罩在髻后。清水江流域流行的毛虫形银围带也属银网链饰。其为八棱空心圆条，以银丝编织而成，用来装饰脑后发髻。

7. 银花梳

银花梳既可梳发、压发，又是装饰品。通常内为木质，外包银皮，仅露梳齿。其造型有繁有简。雷山西江苗族银花梳梳背满饰花、鸟、龙、鹿等形象，是花梳中的上乘之作。三都水族的银花梳，往往在梳背上装饰十数位菩萨形象或尖角状物，并附有长长的银链。戴上花梳后，银链分五层或六层呈梯形自然垂下。而凯里芦山银花梳只是在木梳外包上一层压花银片，制作较为简单。

8. 银耳环

银耳环是民族银饰家族中款式最多的一支，仅贵州省博物馆不完全的收藏，已近百种。耳环分悬吊型、环状型、钩状型、圆轮型四种，以悬吊型、环状型较多。其多样的款式，主要得益于仿生设计的大量运用。苗族耳环造型除了常见的花、鸟、蝶、龙等题材外，其他形象亦多有出现。苗族耳环的款式如此丰富多样，重要的原因是苗族分支众多。同一分支内，往往男女耳环不同，婚前婚后有异。

侗族的竹节耳环系仿竹制成，极有特点。

9. 银童帽饰

由于苗族视银为避邪之物，生活在清水江流域的苗族有给儿童饰银的习俗。银饰通常钉在童帽上。传统的童帽饰造型多见狮、鱼、蝶等形象，还有受汉族文化影响的"福禄寿喜"、"长命富贵"及"六宝"等，构思巧妙，造型别致。贵州施洞有一种专为婴儿特制的银菩萨帽饰，一套九枚，件小，片薄，分量轻，适于不堪重负的婴幼儿佩戴。

苗族银头饰还包括银护头、银顶花、银飘头排等。

（二）胸颈饰

胸颈饰包括银项圈、银压领、银胸牌、银胸吊饰等。

1. 银项圈

各族都很重视对胸颈部位的装饰，由此银项圈成为银饰中制作考究的一支。其可分为链型和圈型两种，链型以链环相连，可活动变化；圈型则用银片或银条制成圈形，定型后不可活动。少数亦有链圈合一的。此外，在贵州都柳江流域的苗族、侗族、瑶族还流行一种银排圈，即套圈，每套少则几个，多则十几个，由内及外，圈径递次增大。属于链型的有"8"字环形项链、金瓜项链、串珠型项链、四方形项链、响铃项链等。属于圈型的有扭索项圈、绞丝项圈、串戒指项圈、百叶项圈、錾花项圈、藤形项圈、银龙项圈、方柱扭索项圈。链圈合一的有百家保锁带链项圈。串戒指项圈很奇特，是以錾花银片为内圈，用十四枚戒指串成的。为避免戒指重叠，以银丝将戒指等距固定，戒面以蝶及瓜米为垂穗。苗族、水族都有这类项圈。绞丝项圈呈绞花状，系用两根银条互相穿合，连续编圈为双层，以银片拼合，里层扁平，表层呈半圆弧状。其上为凸纹二龙戏珠图，项圈下缘垂十一串银吊，吊分四级，为蝶、莲台菩萨、银铃、叶片等形象。其造型丰满，工艺复杂，是苗族银项圈中的精品。

2. 银压领

银压领是流行于湘西和贵州清水江流域苗族地区的胸饰，因佩戴后可平贴衣襟而得名。银压领系从长命锁演变而来。长命锁的前身为"长命缕"，始于汉代，是人们为避不祥，端午节时悬挂于门楣的五色丝线。至明代，演变成儿童专用颈饰，后逐渐发展成长命锁。长命锁在黔中和清水江流域的部分苗族地区，还保持着原始的长方形，锁上錾有"长命富贵"等字样，往往同项圈连体或配套使用。银压领脱离原型较远，为半圆形，体积增大数倍，纹样丰富，制作工艺复杂。三都水族的银压领为腰子形，表面镂空二龙戏珠的纹样，并垂十只蝴蝶，每蝶垂三根银链叶片吊。长16厘米的银吊如瀑布倾泻，掩及肚腹。雷公山脚的银压领更是兼用圆雕、浮雕及透雕技术，造型繁缛，工艺精美。压领主纹为两只圆雕银麒麟，可活动的镂空银球居中，其上银龙腾跃，其下银花簇簇。

3. 银胸牌

银胸牌系部分苗族地区流行的胸饰，通常为单层长方形或半圆形錾花银片制成，形状规整，佩戴位置较银压领、银锁靠上。同银压领一样，银胸牌也是由长命锁演变而来，因此，这三种银饰在同一分支内一般只使用其中一种，绝不会两种以上并用。有的银胸牌为单片，体形小；有的银胸牌较大，且两三片拼连，几乎遮住佩戴者的整个胸腹，装饰效果十分夸张。

4. 银胸吊饰

常见的银胸吊饰有蝶形吊、鸟形吊、鱼形吊、钱纹吊、骑马人物吊等，通常由银链、吊牌、坠饰组成。多级，一级一形，递次而下，多者可达四至五级。流行于都柳江流域的蝶形吊饰体形最大，分五级，总长在85厘米以上。

（三）手饰

手饰包括银手镯、银戒指。

1. 银手镯

手镯亦称手圈，是民族银饰的一个重要组成部分。其造型不一，形式多样，计有空心筒状型、绞丝型、编丝型、浮雕型、镂空型、錾花型、焊花型等等。不同类型及风格的手镯反映出不同民族及分支的审美差异。风格粗犷的手镯光面无纹，硕大沉重；风格细腻的手镯用极细的银丝编织或焊成空花，工艺精致。浮雕型手镯以连续花枝纹或龙纹居多。龙纹手镯双龙盘旋，龙眼凸出，行动夸张。焊花型手镯以网状银丝为面，以梅花或乳钉为纹，极富民族色彩。雷山独南苗族的乳钉纹筒状手镯造型最为特殊，其镯面颇宽，类似同古代盔甲配套的护腕。

苗族手镯的佩戴方式极具特色。贵州施洞苗族饰镯不以一对为限，实际佩戴多达四五对。从江苗族则以五对为套镯，排列于腕肘之间，颇类唐代盛行用金银条盘制的状如弹簧的"臂钏"。

2. 银戒指

苗族戒指的戒面较宽，几乎遮住整个指根表面。戒面为浮雕花鸟或镂空花朵及绞藤等。对于佩戴位置没有明确规定。贵阳附近的苗族戴戒指，须戴八枚，拇指之外，每指一枚。同其他银饰相比，传统的银戒指样式最少，流行面最窄。

（四）衣饰

1. 银衣片

贵州清水江流域的苗族盛行穿着银衣，银衣片是银衣的主要饰物。银衣片分主片和配片。主片压花，纹饰精美，用来装饰衣摆、衣背等主要部位。配片稍小而简单，用来装饰衣袖、衣襟、衣摆边等处，或者缝饰在主片排列的间隙中，起渲染及衬托作用。施洞苗族银衣片主片有44件，分正方形、长方形、圆形三种，表面浮雕狮、虎、麒麟、凤凰、锦鸡、龙、仙鹤、蝴蝶、花卉、罗汉、仙童等形象，三排为一组，上圆中长下正方。帽式银衣泡595个，同主片配套，为辅饰。蝴蝶铃铛吊60件，用于衣摆、袖口等部位，形成环佩叮咛的银衣声源。西江苗族银衣主片24件，皆有垂吊。其中衣摆片11件，装饰腰腹部位；衣背片13件，分五排布局，上下两排各两片，中间三层各为三片。中心片最大，其内圈为雀鸟花枝图，第二圈为乳钉纹，第三圈为连续花草纹。配片为五件蝙蝠纹三角形银衣片，专为装饰衣摆角特制。蝙蝠形银铃吊11件，装饰在腰带上。银衣片用法在同一地区基本相似，件数因家境贫富可多可少；纹饰各有不同，题材多样，保守估计也有数百种之多。

2. 银围腰链

多数苗族地区盛行以围腰作为主要衣饰，其中部分地区俗以银链为围腰链。银围腰链多以梅花为链环造型，有单层、双层两种。

3. 银扣

银扣主要流行于都柳江流域的苗侗地区，男女皆用，分为带链银扣及银扣两种。带链银扣用于右大襟衣的前胸处，装饰性较强；银扣多用于对襟衣，扣形花样较多，有梅花扣、金瓜扣、铃铛扣、双球扣等，亦有以铜扣、锡扣代替者。

（五）背饰

背饰包括银背吊、银背牌等。

1. 银背吊

银背吊分为实用性及装饰性两种。实用性银背吊又称背扣，流行于贵州都柳江下游的苗侗地区。当地姑娘喜穿胸围兜，银背吊连接胸围兜带，悬于背部，既可调节兼作领口的胸围高度，又可作为装饰品。这种银背吊或用筷子粗细的银条盘成螺旋纹，或为方形，重者可达三百余克。装饰性的银背吊流行面较广，尤以黔中一带苗族为多，常见的有蝶形吊和葫芦吊，大多用来装饰妇女背小孩的背扇。

2. 银背牌

银背牌装饰风格和效果颇类银衣。不过，银背牌是将组合银片缝在特制的长方形背布上，而非直接钉于衣背，穿卸比银衣更为方便，却缺少了几分银衣的雍容华贵。

（六）腰坠饰

腰坠饰包括银腰带、银腰吊饰等。

1. 银腰带

银腰带主要流行于贵州黄平苗族地区，当地叫银菩萨腰带，即把数十或上百个银菩萨分两排或三排缝缀在布腰带上。贵州省博物馆藏银腰带一件，其上一百零五个银菩萨造型生动，姿态各异，显示出苗族银匠高超的想象力和非凡的创造力。

2. 银腰吊饰

银腰吊饰佩于腰部两侧，以右侧居多。腰吊饰比胸吊饰要小，但却更精致。

（七）脚饰

贵州黎平个别苗族地区有戴脚镯的习俗。脚镯为扭丝状。儿童佩戴用来避邪。

以上仅对民族银饰作了大致的介绍。有一点应该特别指出，那就是由于苗族人口数在贵州总人口数中所占比例最大，近四百万；分布最广，省内八个市州都有；毗邻民族最多，苗族同境内多数的民族都有毗邻关系。所以，苗族在族际方面的文化触点最多，同各族之间的文化互动发生得也最多。各种文化元素的相互渗透，相互吸纳，形成了贵州一个有趣的现象，即同一地域的表象文化往往存在着一种共性，如安顺一带不拘布依、苗、汉，皆以石板房为居。石板房建筑与其说是民族特色，不如说是地域特色。反映在银饰上也是如此。同一地域银饰的民族差异并不很大，而同一民族银饰的区域差异却极显著。因此，苗族银饰除了自身品种极为丰富外，还几乎荟萃了贵州各民族银饰所有的造型及纹样。也就是说，其他民族的银饰苗族大多都有，而苗族有的银饰其他民族却少有或没有。特别苗族又是饰银大族，饰银之风远非其他民族可比。论及银饰种类和式样，任何单一的其他民族都难望其项背。

三

取舍和创新，构成了民族银饰整个的艺术发展历程。这是一个演绎、变异、整合的漫长过程，民族审美定势在这一过程中起到决定性作用，任何些微的变化都必须服从于此，不得跨越。苗族银饰的纹样和造型，最初受到汉文化影响很大，持续时间很长，有些饰品几乎就是原样照搬。笔者由于长期从事民族文物的征集调查工作，见过一些经历几辈人传下来的苗族银饰，这些饰品几乎就是汉族银饰的翻版，其图纹为六宝、八卦、福禄寿喜等，有的背面还打印着诸如"福兴号"一类的字样，显然是出自汉族银匠之手。正因为如此，所以在银饰民族化的过程中，不可避免地楔入了一个对外来文化不断加深认识和理解的过程。如何站在民族文化的立场上，保留那些可以融入民族社会生活的东西，扬弃那些同民族社会生活毫不相关的表象文化元素，正是银饰进入民族文化社会的必经阶段。这个取舍过程应该是从银饰进入即开始，伴随着银饰的不断创新而始终持续着。

银饰的民族化过程，同时又是一个创新的过程。对于民族银饰而言，群体的需要是其艺术创作的准则和动力，群体的认可是其成功与否的最高裁决，各民族银饰的创新无一例外，都是遵循这一逻辑而发生发展的。理论上说，苗族银饰的创新在最初阶段就开始了。但严格地说，这种创新的全面推动时间应该是在清末民初，而这种创新意识的实践者，正是当时苗族内部出现的第一批本民族自己的银匠。

应该说，在银饰已经彻底民族化的今天，形形色色的创新理念、审美观点都曾对它产生过作用。但是，其中最根本、最原则的又是什么样的审美观点和理念呢？

苗族从古至今都有"以钱为饰"的习俗。史料也显示，"钱"饰与银饰是同时步入苗族服饰领域的。这种最初更多是为维护民族自尊，通过"以钱为饰"所流变的夸富心态，自始至终都对苗族银饰的审美价值取向起着至关重要的作用。而且，这一审美法则最终在表象艺术层面上，催生和确立了苗族银饰的三大艺术特征，即以大为美，以重为美，以多为美。

苗族银饰以大为美的艺术特征是不言而喻的，苗族大银角几乎为佩戴者身高的一半便是令人信服的例证。堆大为山，呈现出巍峨之美；水大为海，呈现出浩渺之美。苗族银饰以大为美的独特见识，用美学的观点来看是很有道理的。再看以重为美，贵州施洞苗族妇女自幼穿耳后，即用渐次加粗的圆棍扩大穿孔，以确保能戴上流行当地的圆轮形耳环，利用耳环的重量拉长耳垂。有些妇女因耳环过重，耳垂被拉豁。当地耳环单只最重达两百克。黎平苗族妇女的錾花银排圈讲究愈重愈好，重者逾八斤。苗族银饰上呈现出的"多"的艺术特征，也是十分惊人的。很多苗族地区佩戴银饰讲究以多为美。耳环挂三四只，叠至垂肩；项圈戴五件没颈掩颔；胸饰、腰饰倾其所有，悉数佩戴。清水江流域的银衣，组合部件即有数百之多，重叠繁复，呈现出一种繁缛之美。特别是当这种审美观作用于苗族银质头饰时，其以多为特点的组合，产生了苗族银饰最动人心弦的特殊魅力。这种炫耀意识的物化在其他民族也不难见到。傣族男子的纹身习俗讲究纹身部位愈宽、图案愈复杂愈美；求偶期的哈尼族少女浑身上下戴着密密的珠饰、贝饰；青海牧区藏族妇女的"加龙"背饰充分体现了追求大和多的审美原则；德昂族的腰箍多达三四十圈，可谓追求饰品数量的典型。足见追求繁缛的以多为美，不止苗族一家。值得一提的是，从贵州省博物馆所藏不同时期的银饰比较情况看，苗族银饰追求大、重、多的脚步始终没有停止。特别是在 20 世纪 80 年代以后，苗族银饰在这方面的发展速度更为空前。这从一个侧面反映出苗族群众生活水平的不断提高。

环境对民族银饰艺术风格的形成，也有着很重要的作用。苗族银饰的纹样和造型，很多都同生活环境中的动植物有关，这正是基于山区多物种的特点。民族银饰取材多样，不拘一格。施洞苗族编丝手镯仿形小米穗编制而成，其不仅造型逼真，而且把小米穗那种毛茸茸的肌理效果也充分表现出来，让人一看便知它是出自农耕民族之手。流行于东部苗族地区的茄子形耳环，从对整体造型的把握，到茄柄、茄蒂等细节的处理，都忠于实物，力求逼真。流行于贵州都匀基场的蒜苔耳环，将蒜苔杆设计为环，一笔略过，着力渲染作为坠饰的苔尖部分。整个耳环造型简约，风格独特。松塔形耳环以剥离后的松球为原型，自下而上，层层收敛，韵律感极强。塔尖处理成铜鼓纹圆顶，虚实结合，相得益彰。类似的设计还有牛角形耳环、钉螺坠耳环、催米虫耳环、蜻蜓耳环等等，这从一个侧面反映出苗族银匠师承自然、积极进取的创作精神。苗族银饰十分注意相同题材的不同处理手法，如造型并不复杂的牛角形耳环，即有四棱柱、刻花挖槽四棱柱、刻花扁平形、丝编圆柱之分。题材相同的坠朵花耳环，不同造型的更是不下数十种。另外，苗族银匠还善于从生产、生活中捕捉灵感。都柳江流域水源充足，池塘、稻田养鱼十分普及，流行于黎平迫东一带的坠鱼罩笋耳环，便是当地捕捞方式在银饰上的反映。罩笋当地叫"园笋"，无底，捕鱼时先将鱼罩在笋内，然后抓获。坠鱼罩笋耳环上段为笋，以银丝编就，沿笋口为鱼坠，鱼头朝笋，仿佛成群结队的鱼儿游进罩笋，寓意丰收。按照文化生态学的观点，文化形态首先是人类适应生态环境的结果，作为银饰，也离不开其独特的地域性，并直接受到它的影响。侗族人对环境的适应能力很强，对大自然所提供的资源除了一般性的利用外，还充满别出心裁的创意。深林密箐出产的新蔓老藤，不仅被用来建筑房屋，制造家具，还被用来编制饭碗菜盘。不止于此，侗族人还仿其形状作项圈、手镯，古枝虬藤的造型令人感受到山野的清新气息，也使人轻而易举感知到银饰与地域环境的密切关系。

应该指出，在取舍和创新的过程中，民族银饰并不是把旧的一概扬弃，而是有选择地保留，从而使民族银饰在呈现出鲜明个性的同时，又展示出中原文化的古典色彩。这对于民族银饰跨越族际，得到中华各民族的欣赏和青睐，关系极大。因为贵州民族银饰往往能唤起其他民族潜意识中古远的历史情结，使他们在观赏民族银饰的同时，产生出一种同自己的历史文化久别重逢的感觉，从中感受到异样的亲切感和自豪感，所以，民族银饰在交流过程中形成的历史积淀，往往客观上为其在外部构筑一个巨大的认同市场。流行于黄平重安江的银帽，其造型及结构设计充分吸收了古代"步摇"之长。步摇出现于战国时期，文字记载最早见于宋玉的《风赋》。其曰："主人之女，垂珠步摇。"《释名·释首饰》记："步摇上有垂珠，步则摇动也。"步摇具有两个特征，一为垂珠，二为颤枝。重安江型银帽凡银花、银凤、银虫均用簧形银丝与帽体相连，并作颤枝处理。额前流苏低垂，戴帽人举手投足，则银花晃动，流苏轻摇，整个银帽顿时被注入生命活力。流行于都柳江、清水江流域的各种胸吊饰、腰吊饰，多以"五兵"为坠。以兵器为饰的"五兵佩"，流行于汉代，是当时的避邪之物。银胸吊饰中常见的兵器有刀、枪、盾、弩、棍，以及民族地区不见使用的剑、戟、锏、矛、铲等。贵州民族银饰一方面保留了"五兵佩"的形制，另一方面又对其进行改造，加入牙签、挖耳勺、镊子等实用性坠物，所以，"五兵佩"又被称为"牙签吊"。抹额最初是军队的一种装束，用不同颜色的布条捆在头上区分不同的部队。明清时，抹额的形制发生变化，除了继续沿用传统的布条外，还出现了织锦、兽皮、金银珠宝制作的抹额。现存在苗族、侗族、水族中的银抹额在造型上较之有增无减，有宽边或窄边的，有以锥角为纹立体感极强的，有把银花片同织锦相组合的，还有将抹额延长形成银围帕的等等。台江反排苗族则更是打制巨型横羽，佩戴时不再遵循传统，两端并不贴紧额围，而是悬空额前，以致我们只得将它叫做"银飘头排"。诸如此类的个例俯首皆是，何需尽数，不如让我们尽情领略一下来自民族银饰的扑面古风，见证民族银饰因文化互动而积淀所具有的重要价值。

苗族银饰丰富的纹样还源自妇女们身上的服饰图纹。当苗族自己的银匠出现，并承当起银饰的制作加工后，如何生产更适应本民族的饰品，这是摆在他们面前的问题。向妇女学习，从她们的刺绣及蜡染图纹中吸取经验，捕捉创作灵感，这使苗族银匠很容易就化解了难题。也正是由于这个原因，苗族的银衣片上除保留少数戏剧故事构图外，更多的是直接采样刺绣等的基本图纹，其花虫鸟兽在构形和线条上，都带有鲜明的民族风格。丹寨排调是巫教较发达地区，万物有灵的观念在那里深入人心。反映在当地苗族、水族妇女的蜡画中，诸如鸟背生蔓，蔓尖长鱼，鱼口吐枝，枝头绽花的构图层出不穷。不同的生命在这里交织一起，相互派生，循环不已；而每一次生命的派生都是对前一个纹样表现物种的神化。在与其同属一个文化区域的都匀王司，我们曾征集到这么一枚银凤簪，其手法夸张自不待说，关键是该簪翅腹处密垂叶片及灯笼吊穗，鸟背上长满连枝银花，整簪以鸟身为中心，银花叶穗向四周辐射，仿佛从鸟的身体中外泻出来的生命的转化。不言而喻，这样的造型是从蜡画中移植而来的。

四

其实，我们迄今所能见到的所有神话意识、图腾崇拜意识、宗教巫术意识及情感意识中的求偶心理和祈求心理在民族银饰上的物化，早已存在于服饰或者其他的文化载体上，只是通过物化的转移和扩展，在民族银饰上得到了进一步的强调。如银角迄今同它的前身木角梳并存于苗族地区，传递着同样的文化信息，表质迥异，内涵却同。

愈是没有文字的少数民族，由于文化表现形式相对受到限制，其服饰作为民族文化心理的对应性就愈强，表象文化的特征就愈明显，所要传递的文化信息就愈多。其中包含了人类精神文化的许多内容，涉及传统文化的大部分领域。

图腾崇拜是人类童年的一种文化现象，一旦形成，便会长久埋藏在人类的深层意识中，通过物化的方式释放出来。摩尔根在《古代社会》中写到："在许多氏族中和摩其人中一样流行着一种传说，根据这种传说，他们的第一个祖先是转化成男人和女人的动物或无生物，他们就成为氏族的象征（图腾）。"创生人类，是图腾的功绩和特征之一。依据这样的理解，我们不难从苗族银饰保留的文化内涵中找出图腾的遗迹。澳大利亚土著民族物图腾分为各种级别，即氏族的、胞族的、婚级的、两性的、个人的。从现象上看，分支众多的苗族，图腾也绝不止一种。

蝴蝶是苗族关于人类创生传说中的主角之一。远古时候，蝴蝶在枫树芯里产下了十二枚卵，分别孵化出狮、牛、蜈蚣等动物以及人类的祖先姜央，从那以后才有了苗族。在清水江流域，当地苗族称蝴蝶为"妹榜留"，苗语中"妹"为妈妈，"榜留"为蝴蝶，合为"蝴蝶妈妈"之意。因此，在各地的苗族银饰中，出现了大量蝴蝶造型，如银蝶簪、银蝶吊、银蝶衣片等。在苗族服饰中，还有一种长着人脸的蝴蝶形象，即是用更为写实的手法表达人们对蝴蝶妈妈的恭敬和崇拜。丹寨八寨苗族妇女用青布蒙髻，青布之外的后髻处只插一枚蝶簪，黑白对比强烈，充分表达出她们对蝴蝶妈妈的虔诚。

中华民族的先民们普遍崇拜龙图腾。闻一多先生言："假如我们承认中国古代有过图腾主义的社会形式，当时图腾民族必然很多，多到不计其数"。"现在所谓龙便是因原始的龙（一种蛇）兼并了许多旁的图腾，而形成的一种综合式的虚构的生物"。"古代几个主要的华夏和夷狄民族差不多都是龙图腾的民族"。苗族龙在现实民俗中主要是以保护神的身份出现，几乎每一个人都认为有一条龙庇佑着自己的村寨，并且对此深信不疑。苗族节日中的"拉龙进寨"、"祭桥"、"龙船节"等等，都是对龙的祭祀，对五谷丰登的希冀。相对而言，出现在苗族服饰上的蛇身人首龙，具有明显的图腾含义。按照当地的解释，这种龙分雌雄，赤面为雄，白脸为雌。其肚腹处被挖空一块作为透视点，内有两个小人。湘西一带的苗族古歌为这种龙纹作了很好的诠释。远古时代，"大地上啊，开始出现龙身人首的乌基，才有了人首龙身的代基，后来才生保造啊，后来才生闷造冷……几个代雄苗人繁衍了十二个宗友，几个代雄生息了一百四十八个姓"。这清楚地告诉我们，蛇身人首龙是创生人类的始祖。

苗族服饰上的龙纹极多，有牛龙、鱼龙、乌龙、羊龙、蜈蚣龙、蚕龙、马龙等等，而且，许多都在银饰上有所反映，诸如手镯上的蛇龙、鱼鳅龙、牛鼻龙，项圈上的麒麟龙等。各种龙纹的出现并非图腾意识的物化，而只是原始宗教万物有灵观在服饰这一文化载体上的艺术反映。

龙在苗族银饰中最常见的形象，造型多为飞腾状，构图多为二龙戏珠。其造型和构图，同主流社会的"汉龙"有着明显的承继关系，或系抄袭而来。但是，就其文化内涵而言，同汉族龙却是大相径庭的。

古代殷商崇拜玄鸟。《诗经》曰："天命玄鸟，降而生商"。玄鸟作为凤凰的原生形态，是今天仍然保留在中华民族文化中的图腾遗迹。迄今世界上许多民族仍把鸟视为女性的代表，生育的象征，隐含着一种明显的图腾意识。在苗族的崇拜偶像里，也有一个密布天空的飞鸟世界。在黔东南苗族地区，至少有三个苗族分支是直接以鸟命名的。其一曰"嘎催"，即鸟的宗族。其二曰"寨柳"，即鸟喙的宗族——当地称燕子为"爸柳"，所以有人认为是燕子的宗族。其三曰"代良"，即山岔鸟或青鸟的宗族。该鸟红嘴赤脚，毛色纯青，颈短尾长，如鸽大小。在当地，燕子、山岔鸟及青鸟皆被视为精灵鸟，禁杀禁食，死则厚葬。反排苗族更是把这种崇拜意识铸进银饰。反排一带流行的银飘头排，为鸟羽造型，戴于额前。传说其祖先迁徙该地，初见雉鸟，惊其美丽，视为神鸟，遂定居并立下不准伤害雉鸟的祖训，后人因而仿雉羽为饰。施洞一带流行的银凤簪，簪上凤鸟的原生形态是脊宇鸟，它与蝴蝶妈妈出自同一个传说，即《苗族古歌·十二个蛋》。蝴蝶妈妈产蛋后，由脊宇鸟完成孵化，脊宇鸟因此作为创生人类的参与者而被奉为神鸟。值得注意的是，在同一个传说里，枫树、蝶、鸟共同创生了人类，而且在今天的现实社会中它们皆被以不同的形式敬奉。其所呈现出的崇拜偶像的多元性，对于研究图腾是极为难得的个例。鸟族中的老鹰同样被视为挽救人类的神鸟。织金龙场乡苗族传说洪水滔天后，人类仅有兄妹二人侥幸存活，但他们赖以逃生的木盆在水退时不幸搁浅陡岩，幸亏老鹰将他们叼离险地。至今，该地的婚俗中还保留有"老鹰讨肉"的固定仪式，即由两妇女扮成老鹰，来接受人类对其救命之恩的感激和酬谢。在特定场合中，苗族银饰中的鸟纹羽形也是男性的头部饰物。施洞"龙船节"时，船上划手所戴的斗笠后沿都要插上两根银羽，无疑也是鸟崇拜观念的物化。

在贵州剑河苗族心目中，蜻蜓的形象非同寻常。姑且不去探究蜻蜓是否可被列入图腾范畴，至少人们对它怀着极其虔诚的崇拜意识。传说当地曾遭毒蚊肆虐，村废人稀，人类面临灭顶之灾，一位名叫"榜香"的妇女，时年八十岁，毅然化身蜻蜓，吃光毒蚊，保住了一方生灵，人类因此繁衍至今。如今在剑河，"榜香由"的名字会在每一次聚会中被提起，以蜻蜓为造型的银耳环悬吊在每一个女性的耳垂上。苗语"榜香"为人名，"由"即蜻蜓；"榜香由"即是戴在苗族妇女耳朵上的女神。

五

银饰走向各民族的同时，也径直进入了民族生活的方方面面。很多情形下，银饰甚至用不着改变自身的造型及纹样，就已经同特定的生活发生了深刻的联系，具备了功能性的作用，并在实际生活中越来越显示出其不可替代性。银饰的这种功能在各民族的婚恋生活以及宗教生活中，表现得尤为明显。

苗族信奉原始宗教，崇拜多神，信鬼好巫。其先民对自然界和社会的理解及认识，大多数以崇拜祭祀、巫术或宗教观念的形式表现出来，并沿袭至今。由"万物有灵观"产生的崇拜行为及"生成维护"的施巫驱邪，共同构筑出苗族社会生活的宗教氛围。崇拜及施巫，两者在银饰上的反映都很充分。特别是后者，它所造成的特殊的审美意识直接影响到苗族银饰的造型。

苗族崇拜多神，凡奇山怪石，古树虬藤，皆被奉为神祇偶像。其中以祖先神为最大。苗族生活中充满各种形式的祭祖活动，他们每饭要捏食祭祖，逢年过节要祭祖，娶亲合卺要祭祖，播种五谷要祭祖，捕获猎物要祭祖，生病遇灾要祭祖，调解纠纷要祭祖。苗族祭祀之祖分为远祖、近祖。远祖往往经过传说的渲染和神化，被视为至高无上的神祇，而由此产生的崇拜意识又往往反映为服饰上的物化，苗族银角正是这种崇拜意识物化的典型。角冠饰在苗族地区极为常见，有银角冠、木角冠、布角冠等等。角冠饰的原始内涵在多数苗族地区已无从考察，但黔西北大花苗用细竹篾片编成的雉形角帽，还保留有"蚩尤冠"。黔西北大花苗的这些服饰名称，使我们对苗族大银角源出"蚩尤之角"的认识，不再是推断和猜测。有人把它归为牛图腾崇拜的物化，则是值得商榷的。苗族银角只有在节日或娶亲合卺等重大场合才穿戴使用，这也从另一个侧面证实了它的神圣意义。

水族和瑶族也都有头戴银角的饰俗。不过，这两个族都没有关于银角来历的传说，也找不出图腾的联系。估计这两个民族的银角同宗教无涉，倒是同文化互动有关。

苗族巫术的特点是功利和实用。正是由于巫术意识的规定和需要，一些苗族银饰才出现了不可思议的怪异造型。苗族相信一切锋利之物皆有驱邪功能。云雾山一带苗族奔丧返家，必于房基左侧置放锋利的铧口、耙齿、多刺的荆棘及碎磨石等物，认为只有经其驱邪逐晦后，方可进门无虞。摆贝苗族流行的二十四锥银头帕，正是巫术生活中的驱邪物经过变异整形后在服饰领域里的反映。值得指出的是，为了服从巫术意识的需要，该银帕在造型上却承袭了古代抹额的形制，在构图上却是以尖利的圆体锥角为纹，与其称之为饰品，还不如说是一件不折不扣的驱邪物。也正是由于重巫术轻艺术的初衷，该银帕绝无雷同的设计，又恰恰形成独特的艺术个性。

银饰的驱邪功能十分广泛。贵州台江苗族有一种特制的手镯，为银、铜、铁三种金属丝扭制而成。当地苗族认为铜可驱魔，铁可逐邪，银可祛病消灾。大方苗族于途中饮水，必先取手镯浸入水井或山泉而后饮。黄平、台江、丹寨等地苗族银饰上出现的菩萨纹饰，同样都具有庇佑和驱邪的功能。丹寨苗族妇女的银围腰链更是被视为保命符。这种银围腰链必须由舅舅请人打制，一经戴上，便永不离身；今后或有离异、改嫁，唯此物必须随身带走。银饰的驱邪功能还延伸到另一个世界。丹寨苗族妇女的随葬品中，必须有特制的小号银角、银碗。台江苗族去世，按风俗要在墓穴中洒一点银屑或用银碗陪葬。

苗族银饰是一个自成系统的符号世界，对外是民族象征的符号，对内是分支区别的符号，对个人是年龄和性别的符号，而最清晰的符号显示则莫过于对婚否的识别。

从明代起，贵州各民族银饰即在局部地区具备了识别婚否的功能，如今，这种功能已十分普及。在大多数情况下，银饰主要是用来装饰未婚女性的。在贵州清水江及都柳江流域，银饰盛装对主人具有三种含义。其一，表示穿戴者已进入青春期。按习俗规定，未及笄的女孩不能穿戴银饰盛装，亦不能使用成年女性的银饰。事实上，进入芦笙场，有着行笄礼的意义。其二，表示穿戴者尚未婚配。苗族女性一旦婚嫁生育后，即要按规定改装。其三，表示穿戴者欲求偶。多数地区的芦笙场，环佩叮咚的银饰盛装代表一张通行的入场券，是向围观的后生展示自己的资格证书，否则，再俊俏的姑娘也只能做一名旁观者。

在某些苗族地区的恋俗中，银饰作为规定的示情物或定情物出现。织金苗族姑娘节日求偶时的暗示标志是一袭彩绣背扇，其上必缀一排银铃吊。姑娘身后的背扇一则展示她心灵手巧，二则暗示她具有生育能力，三则表现她家庭的富有。都匀坝固苗族青年互赠规定的银饰作为定情物，所有后生送给姑娘的定情物都是一只银八宝鞋，而所有的姑娘毫无例外地都回赠一个银烟盒。

未婚女性在银饰上有自己的专用饰物，已婚妇女即使拥有也不能使用。如贵州黎平苗族的银羽发簪，反排苗族的银飘头排，黄平苗族的银围腰，雷山苗族的银角、银花发簪，施洞苗族的银扇、银衣等等，举不胜数。

银饰同时也是婚姻的符号。苗族已婚妇女通常在脱去一身银装后，只保留发簪、耳环、手镯等少数几种银饰。但在少数地方，按习俗规定已婚者有自己的专用银饰，未婚者不得佩戴。贵州雷山桃江妇女的已婚标志为一把宽大的银花梳，从江笔和妇女是一支钺形发簪，都匀坝固妇女为插在髻顶的带链银簪，丹寨八寨妇女则为一支精美的蝶簪，惠水摆金妇女只有在参加葬仪时才允许佩戴银簪。已婚妇女的专用银饰除了符号意义，还具有适应她们婚后改变的发髻的需要的实用性。

在其他少数民族内部，银饰也具有婚否标识的功能。镇宁布依族未婚妇女戴银簪，婚后戴银筒。银筒紧贴头髻遮掩于一种叫"假壳"的帽饰之内。由于当地俗以生育前后为改装界线，要想让已婚多年仍无生育的妇女戴上假壳，男家往往要颇费一番心思，因而形成饶有民族特色的"戴假壳"习俗。麻江瑶族女性婚前同银饰无缘，婚后挽髻脑后，插银片簪，饰银泡。侗族、水族的女性现在只能在婚前戴银花帽、银项圈，婚后不戴。其饰俗同瑶族相反，同苗族接近。

银饰在某些地区还成为男性的婚否标志。贵州黎平苗族男性喜戴项圈，未婚时戴三件，婚后戴一件。进入 20 世纪 80 年代后佩戴的圈数有所增加，未婚为五件以上，婚后为三件。从江西山侗族男性，未婚者戴银圈帕，婚后则脱之。

至此，苗族银饰在我们的概念中不再是单纯的艺术品，它根植于苗族文化的深土，置身于图腾、宗教巫术、历史、民俗生活的包围，社会功能和文化内涵得到了极大的扩展。作为民族的外部标志，它起到维系内部的作用；作为崇拜物，它把同一祖先的子孙紧紧地凝聚在一起；作为巫术器具，它从心理上给人们提供生活的安全感；作为婚否标志，它给人们的婚恋生活带来良好的秩序；作为愿望的表达，它为人们张开了憧憬之双翼。意识的物化决定了苗族银饰作为传统文化的保守属性，使得它在一定阶段内不会因时间的推移而被淘汰，也不会因现代文明的冲击而黯然。

六

由于对银饰的大量需求，贵州银匠业极为兴旺发达。仅黔东南境内，以家庭为作坊的银匠户便成百上千，从事过银饰加工的人更是多达数千。家庭作坊多数为师徒传袭的父子组合，也有夫唱妇随的夫妻组合。这些作坊常是农忙封炉，农闲操锤，皆不脱离农事活动。

黔东南境内的苗侗银匠可分为定点型和游走型两类。多数为定点型。他们在家承接加工银饰，服务于相对封闭而形成同一文化区域格局的一寨或数寨，客户毫无例外来自本支系，所以，也可称之为支系内部的银匠。定点型银匠的分布和数量，依据区域环境及市场需求自然调节。苗族以大沟、施洞、排羊、西江、湾水、王家牌等地为多，侗族以已流最为集中，水族则以王司为典型。游走型银匠农忙时同样以家庭为作坊，农闲季节则挑担外出，招揽生意。通常每人都有自己的专门路线。他们并不局限只为本支系或本民族加工，对沿途数百里其他分支或民族的银饰款式都了然在胸，加工起来亦轻车熟路，得心应手，所以也可称之为地域性银匠。据调查，黔东南苗侗银匠游走足迹遍历全省，并延及广西北部和湖南西部。

黔东南境内不仅银匠多，而且出现了以雷山大沟乡的控拜、麻料、马高为代表的一批苗族"银匠村"，黎平水口乡的已流为代表的侗族银匠村。银匠村中数百户人家，80%以上以银饰加工为副业。农闲时节，村寨之中叮咚之声不绝于耳，炭火炉烟荡然于户，一派繁忙景象。游走型银匠多出自银匠村，这是因为密集的银匠户迫使村里一部分加工力量外出经营。银匠村是贵州境内的一个奇特现象，在全国也是绝无仅有的。

各民族银匠过去一般都是子承父业，手艺不外传。现在对外授徒的逐渐增多。过去，银饰加工原料主要为银元、银锭。各地银饰的银质纯度以当地流行的银币为准。20世纪50年代后，政府充分尊重苗族群众的风俗习惯，每年低价拨给民族用银。银饰的加工，全是以家庭作坊内的手工操作完成。根据需要，银匠先把熔炼过的白银制成薄片、银条或银丝，利用压、錾、刻、镂等工艺，制出精美纹样，然后再焊接或编织成型。银饰工艺流程很复杂，一件银饰多的要经过一二十道工序才能完成。而且，银饰造型本身对银匠的手工技术要求极严，非个中高手很难完成。

各族女性饰银，爱其洁白，珍其无瑕。因此，苗族银匠除了加工银饰，还要负责给银饰除污去垢，俗称"洗银"。他们先给银饰涂上硼砂水，用木炭火烧去附着在银饰上的氧化层，然后放进紫铜锅里的明矾水中烧煮，经清水洗净，再用铜刷清理，银饰即光亮如新。

霓裳银装

第 一 部 分　贵州少数民族服饰与造型

Unit I　Minorities' Costumes & Pattern in Guizhou

由于贵州少数民族的历史文化不同，加之历史上相对封闭的地理环境的影响，使得贵州少数民族服饰形成并保持众多传统样式，款式达200余种：从古老的贯首服到各种开襟的长袖短袖上衣，从飘逸阿娜的长裙到潇洒的中裙短裙，从紧口中裤到宽脚口长裤。这些服饰保留着商周"上衣下裳"的遗风，春秋"深衣"特征，汉代"两裆"造型，唐代"半臂"样式，宋代"抹胸"遗韵，明代"云肩"款式等。既有装饰华丽繁缛的盛装、又有朴实简洁的便装。造型样式之多，堪称民族服饰之冠，置身其间，如同走进硕大无比的流动的服饰博物馆。它们是我国民族服饰文化中的珍贵宝库。

Due to different historical culture of minorities in Guizhou and relatively closed geographical environment, costumes of minorities are formed and diversified traditional styles are preserved. There are over 200 styles: from ancient "Guanshou" costume (open a hole in the middle of a piece of cloth, and head stick out from the hole, no collar and sleeves) to various front opening jacketing with long or short sleeves, from elegant and graceful long skirts to unrestrained middle skirts or short skirts, from tight leg opening middle trousers to loosed leg opening long trousers. These costumes preserve Shang & Zhou dynasties' custom of "wearing jacketing and skirt", "Shenyi" feature (straight cut long gown) of the Spring & Autumn Period, "double crotch" pattern of Han dynasty, "half sleeve" style of Tang dynasty, "bra top" style left over by Song dynasty, and "shawl" style of Ming dynasty, etc. These costumes have both ornamented and variegated gala attires and plain and simple slack suits. There are so many design patterns that can be rated as champion of national costumes. When visiting them, it is as if we have entered a big moving costume museum. They are rare treasure of national costume culture in our country.

·雷山县西江苗族女盛装

·棉、绸、银

·近现代

大襟交领，领后倾。袖、肩、领
有刺绣图案，缀银片。下着百褶
长裙，外系绣花飘带裙（亦称凤
尾裙），头戴大型银角，婀娜中
显雄奇。苗人称此为"雄衣"。

上衣衣背

蝴蝶响铃银腰带

· 台江县方昭苗族女盛装

· 棉、料珠、银

· 近现代

这种服饰主要流传于台江县的方昭、巫脚等乡镇。上衣为对襟青布衣，于衣服下摆和袖口装饰银饰；下着青布百褶裙，围镶饰几何纹图案的围腰。着此盛装时女子多佩戴银头花、飘头排、抹额、耳环、项圈、手镯等银饰，并将银饰的多寡视为着衣人家庭是否富有的标志。

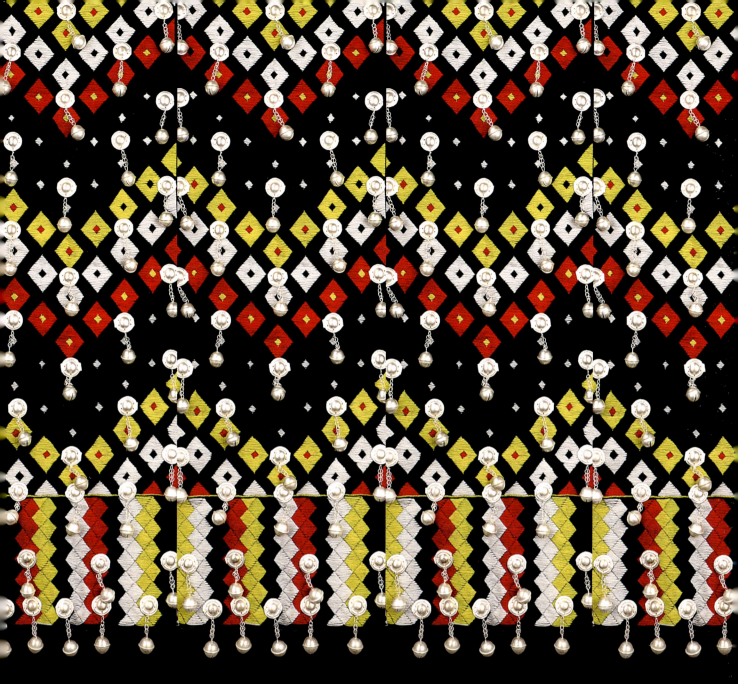

围腰局部

锦鸡银头花

·黄平县谷陇苗族姑娘盛装

·棉、料珠

·近现代

大襟交领无扣右衽上衣，用工艺独特的紫红亮布制作而成，衣背绣大面积挑花图案。刺绣花边百褶长裙，褶纹精细紧密。挑花技法以平行纳绣为主，纹样精美，工艺精湛，满挑满绣，是贵州民间挑花纳绣工艺的代表之作。未婚少女头戴挑花小圆帽，婚后另用头巾装饰在小帽外作已婚标志。

帽子

· **纳雍县治昆苗族女盛装**

· 棉

· 近现代

对襟、蜡染图案上衣，多褶长裙。此套
盛装集蜡染、刺绣、布贴工艺于一身。

围腰

· **毕节市阴底苗族女盛装**

· 棉、料珠

· 近现代

头饰，插木梳缠假发如扇形高竿，十分独特。对襟大袖长摆衣，襟长如带，穿着时将前襟交叉于腰后，似汉代直裾，外套披肩。衣袖、衣背有挑花、布贴装饰图案，着蜡染布绣装饰褶长裙。

上衣背部

· **安顺市汪家山苗族女盛装**

· 棉、料珠

· 近现代

以贵州省安顺市汪家山村为代表，主要分布在安顺宁谷、猛邦等地。女子绾发于头顶，发梢呈凸桥形自后向前，中空若鬓。外包两层刺绣青头帕，两端翘起，顺额裹刺绣花带。上为大领无扣对襟衣，衣领、衣袖、衣襟等处缀刺绣花块，下为青布百褶裙，裙脚用红、白布条滚边，裙前着花围腰，后着至少7条挑花围腰，层层叠露。缠挑花绑腿。

第一部分　贵州少数民族服饰与造型

服装赏鉴

上衣背部

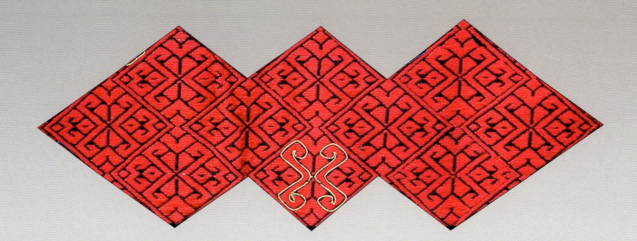

·丹寨县苗族姑娘盛装

·棉、料珠

·近现代

围腰

内着上衣

这种服饰主要流行于纳雍、赫章等县的苗族中。内衣对襟，袖宽而短；外罩无袖对襟衣，白色棉布或者麻布制成，形如铠甲，外衣肩背镶十字挑花绣片；腰系麻布腰带。下着蜡染围腰，腿部穿羊毛毡制成的裹腿。此套服饰反映了黔西北高寒地区的寒冷气候。

· 雷山县桃江苗族姑娘盛装

· 棉、料珠

· 1990 年代

无领对襟绣花短衣，系超短裙 2 至 5 条。裙长 10 至 20 厘米，为世界超短裙之最，外系前后围腰，身后再系织花飘带裙在腰臀间呈隆起之形态，若美丽的锦鸡。传说该服饰即为锦鸡的仿生造型。

· 织金县苗族彩挑八瓣花女装
· 麻
· 近现代

刺绣围腰

头绾巨型发髻，造型奇异。上为对襟衣，
前短至脐，后长及腘，蜡染刺绣装饰。
下为百褶中裙，扎白布绑腿，黑、白、
灰色调分明，造型端庄。

· **剑河县久仰苗族女装**

· 棉

· 1980 年代

无领右衽上衣，外罩琵琶衣背心，衣边装饰简洁、清新、
规整。琵琶衣在明清较为流行，贵州少数民族服饰中至
今还保留着这种款式。

马甲正面

马甲背面

・**从江县谷坪苗族青年男装**

・棉、料珠

・1990 年代

上衣窄袖紧身左衽琵琶襟，下为简洁的
宽松裤。着此装的男青年可体现出干练
潇洒的气度。

·榕江县滚仲苗族女装

·棉、料珠

·1980 年代

对襟长袖短衣，蜡染百褶中裤，前系刺绣围腰，后系白色羽毛飘裙。袖、肩、背、衣摆及围腰四周配以刺绣纹样装饰，图案造型呈对称式，以红色调为主，配以少量嫩绿色，镶金饰线。整套服装色彩斑斓绚丽，纹样精美醒目。

· 凯里市舟溪苗族女盛装

· 棉、料珠

· 近现代

此类服饰主要分布凯里、丹寨、麻江等地的苗族中。
衣对襟，袖宽而短，颇有古代"半臂"的风采。节日
期间穿着时，常在衣服表面钉缀银饰。

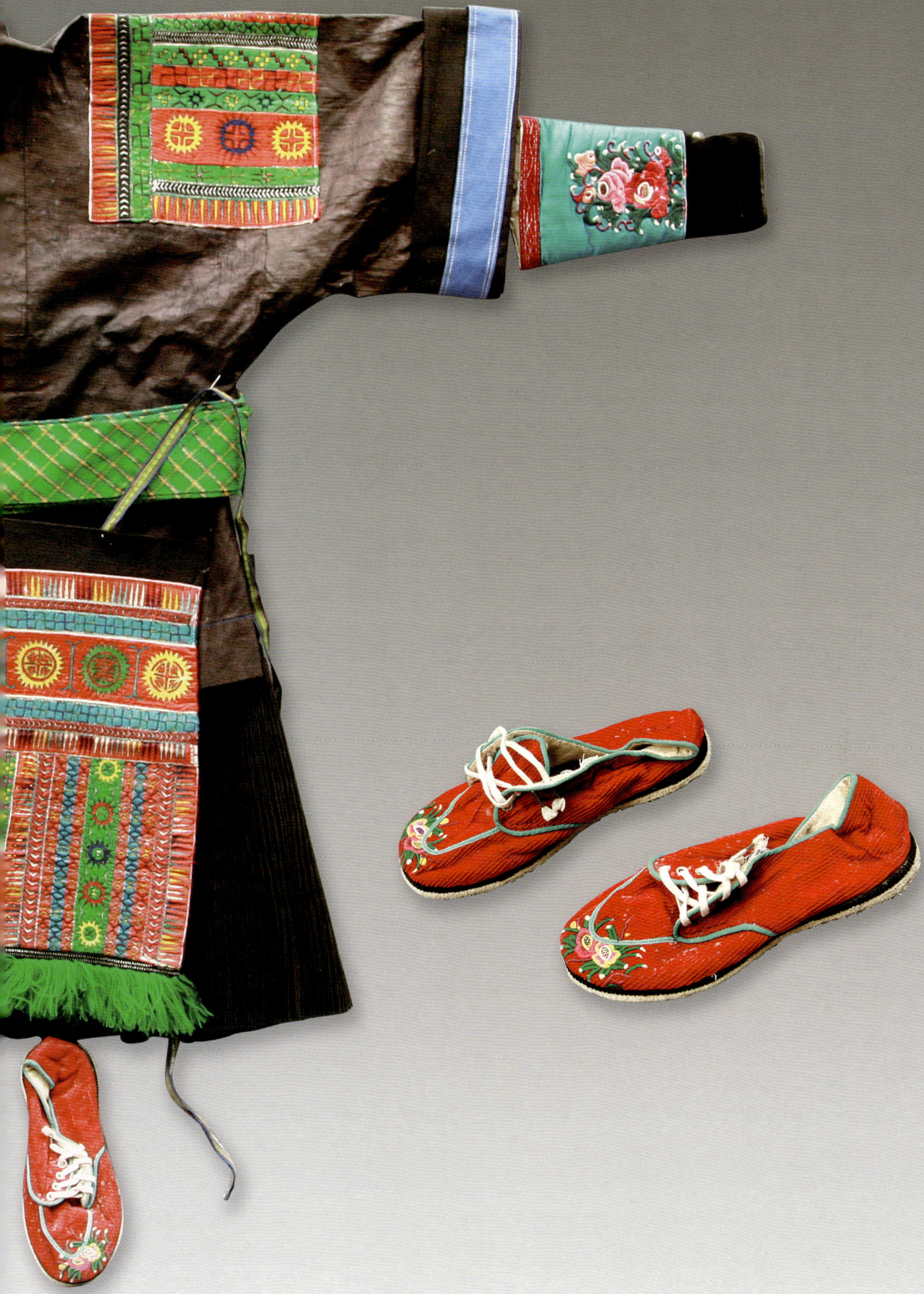

· 贵阳市花溪苗族女装

· 棉、料珠

· 1950 年代

贯首服上衣，中长褶裙。全部采用挑花工艺装饰。该地区
挑花为十字挑花针法，纹样精美，工艺精细，是贵州民间
十字挑花工艺的代表，已被列入国家非物质文化遗产名目。

上衣背面

挑花围腰

·榕江县侗族姑娘盛装
·棉、料珠
·近现代

无领右衽宽袖夹衣，袖内另戴绣花袖套，另穿百褶中裙，
戴腿套，腰系绣花围腰，为冬季盛装。该服饰以缠线绣
为主要装饰工艺，风格突出，纹样清晰，别具特色。

绣花围腰

· 剑河县苗族姑娘锡绣盛装

· 棉、料珠

· 1960 年代

该类服饰多为对襟衣，用锡片剪成条状后钉缀于衣服表面，图案多以
几何纹为主，在贵州苗族服饰中仅此一例，对研究苗族服饰工艺具有
重要的意义。

围腰

·罗甸县苗族女装

·棉、料珠

·近现代

贯首服上衣，中长褶裙。
上衣前短后长，两肩相
连，另接衣袖，是"两裆"
服饰造型的演变发展。

上衣背面

·六枝布依族蜡染女盛装

· 棉、料珠

· 近现代

这类服饰分布于贵州六枝特区、镇宁、关岭、普定等县，分布范围较广。该套服饰为布依族未婚青年女装，和少年女装、已婚女装、老年装等有很大区别。多为斜襟短衣，蜡染百褶裙，两袖中间为织锦，上下分别为蜡染漩涡纹等几何纹图案。佩戴围腰，围腰以织锦和刺绣镶边。由于裙子较长而柔和，走动时更显现出布依族青年女子的婀娜多姿。

布依族妇女"六月六"包粽子

"六月六"（祭盘古）是布依族人民的传统佳节，每年农历六月六，布依族人民居住的村寨，家家户户，都要宰牛宰猪，杀鸡包粽粑祭祀祖宗，然后，合家欢饮，隆重地欢庆世代沿袭下来的传统节日。"六月六"期间，妇女们拎着装满粽粑的提篮，怀抱鸡子，串寨走乡，探亲访友；男人们聚会于寨中，端杯畅饮，开展"议榔"（古代布依族的基层社会组织，由"榔头"布依族的"抱考"主持制定本寨子议榔规约）活动。

· 惠水苗族姑娘盛装
· 棉、料珠、银
· 近现代

此类服饰主要分布于惠水县境内。少女绾发髻，包盘状头帕，外用挑花带捆扎，头顶插片状银花。上衣为无领对襟衣，袖宽而短，胸前佩银项圈，数目多寡视家庭的富裕程度而定；下为青布百褶裙，裙长至膝；腰扎钉银泡挑花腰带，一般为6根，层层叠叠捆扎于腰部，并坠银荷包、挑花荷包等为饰。

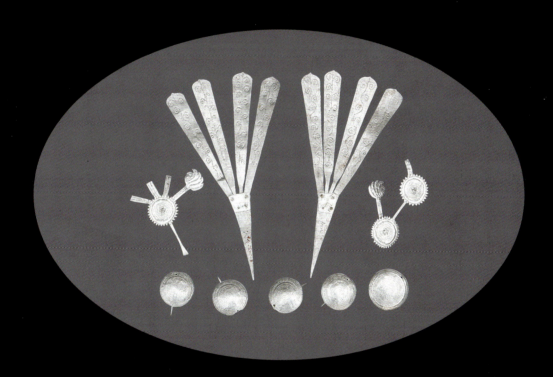

抹额

· **从江县侗族女夏装**

· 棉

· 1960 年代

此类服饰流传于黔东南"九洞"侗族聚居区，是该范围内侗族夏天日常穿的便装。服装的款式简洁大方，内为抹胸，抹胸呈菱形，下角两边用青布镶边。上衣为亮布对襟衣，衣服下摆呈弧形，用绿色布条镶边。裙子为百褶裙，长及膝盖。下为亮布脚笼，镶蓝色布边。

从江侗族"踩歌堂"

侗族的"踩歌堂"，是侗族人民用民间歌舞来悼念莎岁这位古代女英雄的祭奠方式，亦是他们祭祀神灵、祈求人畜兴旺、五谷丰收的盛大节日。届时，全体村民在德高望重的长者率领下，以吹芦笙为先导，众人跟随其后聚集于"圣母祠"（圣母是他们所崇拜的最高神灵）前进行祭祀与歌舞活动。

抹胸局部

超短裙

·从江县谷坪苗族女夏装

·棉、料珠

·1970 年代

此类服饰流传于从江县的谷坪、山岗、高吊等地。内为抹胸,抹胸呈菱形,外罩对襟亮布衣。下为亮布宽裆裤,外为蓝黑相间百褶裙,腿上戴脚笼,用蓝色挑花绑带固定。这种服饰穿着极为干练,是当地苗族适应自然生态环境在服饰上的体现。

绑腿带局部

抹胸

· 兴仁四联苗族女装

· 棉、料珠

· 近现代

右衽窄袖短衣，长裙。裙两侧集褶，
形成上轻下重的稳重感。该女衣
集蜡染、刺绣、布贴工艺于一身。

上衣下摆

裙子局部

·习水良村干洗苗族女装

· 棉、料珠
· 1980 年代

该类服饰流传于贵州省习水县良村镇苗族聚居区。头上裹各种头帕如盘状，外围坠流苏挑花头帕，白布右衽衣，腰佩十字挑花围腰，臂内两侧挂两块挑花手帕。腿上裹白布绑腿。这套服饰多十字挑花，装饰图案以对称几何纹为主，是黔北地区苗族服饰工艺较为集中的体现。

头帕

袖套　　　　　　　　　　　　　　围腰　　　　　　　　　　　　　　袖套

威宁彝族绣花镶边女袍装

· 棉、料珠

· 近现代

长袍自汉代出现后，一直流行到近现代，曾是贵族、官员、百姓都普遍穿着的服式，贵州彝族妇女至今仍将此作为日常穿戴的生活服饰。

赫章彝族姑娘服饰

·荔波县瑶山瑶族女夏装

·棉、料珠

·1940 年代

上衣为贯首服，由两片正方形衣料构成，两肩相缀，两侧镶边，是早期服饰不挖领、不镶袖的制衣形式的传承体现。造型简洁，为汉代"两裆"造型。

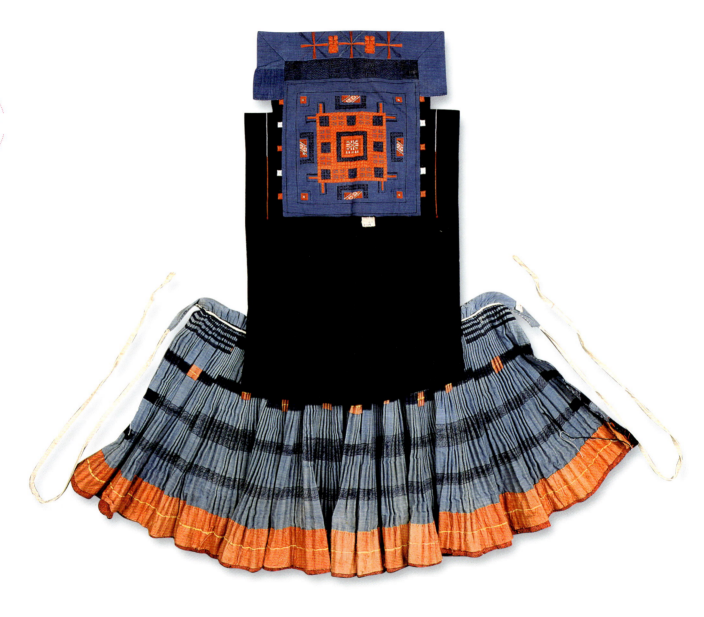

第一部分 贵州少数民族服饰与造型

服装图说

· **荔波县瑶山瑶族男子服饰**

· 棉、料珠

· 1980 年代

上衣为窄袖短衣，两襟无扣交叉于胸前，用腰带束之。下身为白色中长紧口裤，裤裆宽大，宜于山间奔跑，裤口 5 条红色条纹，意为表现兽中之王老虎的爪纹。这套服饰与该民族善于狩猎的生活习俗相应。

· **从江宰便对襟翘角苗族女盛装**

· 棉

· 1980 年代

该种服饰流传于贵州省的从江、荔波两县。除发式有所区别外，已婚和未婚的 没有区别。内为抹胸，外罩对襟衣。下为长及脚背的百褶裙，外罩蜡染百褶裙，蜡染裙仅长及膝盖。妇女盛装时要佩戴耳环、项链、项圈、手镯等银饰。

刺绣飘带

· 荔波县瑶麓瑶族女装

· 棉、料珠

· 1980 年代

上衣背面

该服饰流传于荔波县瑶麓瑶族乡。内为对襟衣，外罩挑花贯首服。
佩挑花蜡染相结合的围腰，下套脚笼，用挑花绷带固定。

·**贵阳市高坡苗族姑娘盛装**

·棉、料珠

·近现代

贯首服上衣，中长褶裙，全部
采用挑花工艺装饰。该地区挑
花为十字挑花针法，纹样精致，
工艺精细，是贵州民间十字挑
花的代表，已被列入国家非物
质文化遗产名目。

钉缀银片的吊牌

·盘县鸡场苗族女装

·棉、料珠

·近现代

刺绣琵琶襟

刺绣头帕

刺绣袖笼

该服饰以贵州省盘县特区鸡场坪彝族乡为代表，分布在盘县、关岭和普定等地。女子盘发于头顶，缠青布头帕，外围半圆形流苏。外为右衽衣，衣领、襟、袖缀挑花花块，右襟垂彩色流苏，戴挑花袖套。下为青布百褶裙，裙脚镶花边。缠白布绑腿，布鞋。这种服饰的刺绣工艺以十字绣为主，多几何纹装饰图案。

· **剑河县柳川苗族姑娘盛装**

· 棉、料珠

· 近现代

这种服饰仅分布在剑河县的柳川镇部分村寨。女子绾髻于顶，包头帕，带银头花，头花若三只展翅欲飞的小鸟并排立于高枝之上。无领无扣对襟衣，衣服以深蓝色布剪裁而成，衣襟、背部、肩部和衣袖镶刺绣图案，刺绣多为菱形纹，白色条布镶菱形边框。下为百褶裙，拴刺绣围腰。

霓裳银装

第 二 部 分　贵州少数民族服饰与历史、文化、习俗

Unit II　Minorities' Costume & History, Culture and Custom in Guizl

　　服饰是民族形象和民族特征的重要标志，是民族历史、文化、习俗和民族心理的物象反映。贵州各少数民族及其支系为维系民族或血缘支系的繁衍生息，保持民族的特性和认同感，将各自的历史、宗教、文化、习俗、传说故事等记录和融合在与自身的生存不可分离的服饰中，成为各民族的旗帜和界定氏族内婚制婚姻范围的标志，有着丰富的文化内涵，是研究民族学、民俗学的重要实物资料。

Costume is the important symbol of national image and national feature, as well as the reflection of national history, culture, custom and psychology. Each minority and its branch in Guizhou in order to maintain living and multiply of the nation or blood branch, as well as in order to keep national feature and sense of identity, their history, religion, culture, custom, and legend etc are recorded and integrated in the costume that are not separated from their own living. And it becomes each nation's symbol and sign of defining marriage range of endogamy system of clan. This has rich cultural connotation, and is the important material information for studying ethnology and folklore.

· 威宁县苗族女装
· 麻
· 1980 年代

这种服饰分布于毕节地区的织金、赫章等县。据传苗族的祖先在5000年前曾居住在我国的中原地区，因战乱而逐步南迁，先过黄河，居住在两湖一带的肥沃平原。后又过长江向西迁徙，分别定居在湖南至贵州到云南，直至东南亚一带。这套苗族服饰就记载了这段迁徙的历史。此衣分别记载了苗族曾经居住过的家园有山有水有广阔的田园和城镇；肩部两块方形图案，上下两边代表天、地；中部斜方格代表田园，齿形代表山脉；后背方形代表城镇；褶裙上三条红道，分别代表苗族迁徙途经的黄河、平原、长江。

挑花贯首服上衣，衣背及衣袖上方形图案传说象征苗王大
印（一说为楚王之印）。苗族在古代是一个在战乱中迁徙
不定的民族。为了避免混乱，易于识别，苗族即以苗族祖
先蚩尤的印章作为民族标志装饰在衣服上，这样既可纪念
祖先，又起到加强民族凝聚力的作用。

上衣正面

贵阳市乌当花鼓芦笙

水城苗族男子服饰，外为麻布对襟长衣，无袖无领无扣，款式古老，造型简洁。男青年在"跳花"场寻偶时穿戴的野鸡毛头饰，造型具有明显的仿生寓意，意在展示男青年的雄健、威武，是苗族男子节日盛装的重要组成部分。仿生服饰可能还有更古老的含义，其或许源自人类渔猎时期的伪装。

水城县南开乡苗族跳花场

· 榕江县兴华苗族男子鼓藏服（苗族百鸟衣）

· 棉

· 1950 年代

鼓藏服，又称"百鸟衣"。将上衣与飘带裙连为一体的造型，保留了春秋时期"深衣"的款式特征，系都柳江流域月亮山地区苗族在"吃鼓藏"的祭祀活动中穿戴的专用服饰。"吃鼓藏"又称"鼓藏节"，是苗族以宗族为单位祭祀祖先的大型活动，每13年举办一次，祭祀活动隆重而神秘。主持祭祀活动的"鼓藏头"要穿上这种服饰，才能够与祖先神灵进行对话。服饰的纹样以鸟纹、涡纹、日月纹、菱形纹为主，呈对称分布，彩带裙下部缀鸟类羽毛装饰。除"鼓藏节"外，该服饰平常秘藏不穿，具有巫教、民俗等方面的文化内涵。

苗族鼓藏节

·台江县施洞苗族姑娘盛装

·棉、料珠、银

·近现代

该服装色彩的热烈、图案的华丽、银饰的丰富和堆砌，在苗族服饰中具有典型性，该地区的女青年在节日的踩鼓场上和结婚时才穿戴这种盛装。穿戴这种盛装的姑娘不仅有信心在"姊妹节"的踩鼓场中心翩翩起舞，而且凭借盛装的华丽和精美展示自己的灵巧和富有，使自己在踩鼓场上成为主角，从而得到青年小伙们的青睐。

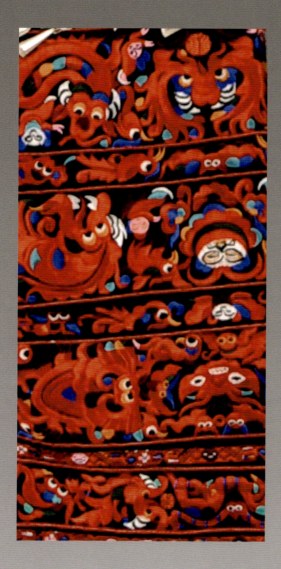

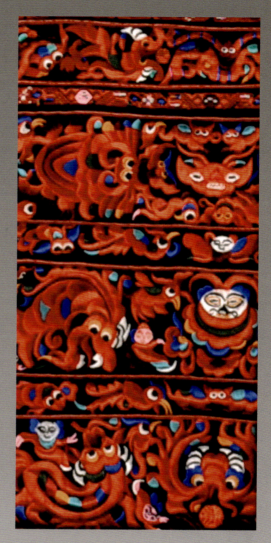

抹额

・**丹寨县排调苗族盛装**

・棉、料珠、银

・近现代

这种服饰主要分布于黔东南雷公山地区的雷山、丹寨两县。这套服装引人瞩目之处在于其长度约20厘米的超短百褶裙。此超短

裙由自产的单色藏蓝土布制成，穿着时围于胯上而非系于腰间。生活便装时只穿一条裙；盛装时，则需重叠多穿至数条。裙外腰间围以红、绿、黄、黑彩色织锦并饰以珠穗的飘带后围裙，穿着时飘带自然垂落至小腿，别具风情。层层叠叠的超短裙将飘带后围裙支撑蓬起，犹如锦鸡上扬的美丽尾羽。两层前围腰重叠起来，系于超短裙外腰间。前围腰用大红、玫瑰红、黄、绿、黑、白、紫诸多色彩的织锦做成，中心图案为大小菱形相套，所用图案和色彩均与上衣和谐呼应。在苗族民间传说中，这种服装是一位聪颖贤淑的苗家姑娘效仿山中美丽的锦鸡羽毛而制成。苗族服饰有数不尽的审美源头，由此也可窥知一二。

美丽的锦鸡服

· 龙里县中排苗族男盛装

· 棉、丝

· 现代

这套服装共计 14 件，其中衣长 121 厘米，肩袖长 143 厘米。为青色对襟长袖衫，袖口衬白底。共 6 条挑花腰带，穿着时以一条束腰，另外五条竖着挂套在束腰的腰带上，腰间左右各饰一块方形挑花手帕。肩披挑花背牌，背牌上方以 6 组银响铃作装饰，下方用海蚆装饰，再系五条 40 厘米的红缨。

相传有位苗族男子，名叫"黑人庆"，他曾英勇杀虎并从虎口中救下名叫哦呷嘎的姑娘。哦呷嘎的母亲四处寻找打虎英雄，都没结果。有一年正月在跳花场上，一位英俊男子闯入了哦呷嘎视线，他头插鸡尾，身穿青色对襟长袖衣，肩披挑花背牌，腰系一条黑白相间的虎尾，裤系挑花飘带和花帕，姑娘一眼便认出了这就是救自己的打虎英雄。后来两人喜结良缘，"黑人庆"在众人推举下被拥戴为王，在战场上他奋勇杀敌，战死沙场。以后"黑人庆"便成为苗人心目中的英雄。每逢正月跳花场，龙里这一带苗族男子都要仿照"黑人庆"的打扮，以示对他的纪念。

· 纳雍县苗族少女密绣背带

· 57厘米 ×52厘米、带子 193厘米

· 现代

这种背带是未婚少女在恋爱前暗中制作的，在男女青年寻偶"跳花"时，少女即背上自己制作的背带出现在恋爱场上，成为求偶暗示。少女背背带反映出当地奇异的恋俗。

纳雍箐苗族服饰全刺绣正面装

·苗族"保公屠龙故事"
袖片

·30 厘米 ×30 厘米

·现代

传说从前在苗族地区的清水江里
有一恶龙，时常兴风作浪危害两
岸，还吃掉了保公的儿子久保，
保公愤而与恶龙博斗，杀死恶龙
为民除害。恶龙之魂灵幡然悔悟，
梦示人们依龙形制舟，每年五月
举办竞渡以保风调雨顺，从此形
成每年一度龙船节的习俗。苗族
妇女把这个传说故事绣绘成服饰
图案，使之成为形象生动的图说
故事。

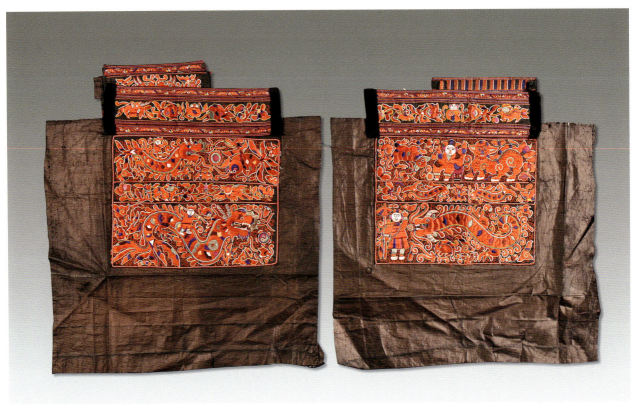

· 台江县苗族"谷
　种来源图"袖片

· 30 厘米 ×30 厘米

· 现代

此类袖片流传于台江县苗族地区。袖片以染青布为底，用红色破析丝线平绣"谷种来源"图案。构图分为上下两部分，下部图案为人撑伞骑在飞鸟背上，上部分两张袖片纹饰略有区别，一张是人骑神鸟，另一张为神鸟衔人，花蕊均绣成人面。

据苗族传说在很久以前，人类产生以后，地上还没有谷子。于是苗族的祖先就骑着神鸟飞到天上，求天神赐给人间谷种，但遭到拒绝。神鸟见此情况，便偷藏了七粒谷子在自己的羽毛中，回到人间以后，它取出偷来的谷种教人们栽种，从此人间才有了五谷丰登的景象。在各民族的神话传说中，关于农业起源的说法比较多，而关于种子来源的传说，一直是人们极力表达的主题。这块袖片图案也反映了各民族从采集经济向农耕经济转变的过程。

· 台江苗族平绣"鸡头龙"袖片

· 36 厘米 × 21 厘米

· 现代

公鸡是苗族神话中的英雄。传说天上多余的太阳和月亮被射下后，留下的太阳和月亮被吓得躲了起来，人间失去了光明。公鸡上天去和太阳月亮交朋友，讲好条件每天早上叫一次唤出太阳，下午叫一次唤出月亮，人间才有了光明，公鸡因此成了神灵。苗族将物品神化的方法就是龙化。这幅图案用错针绣工艺交错使用不同色线，使绣线色彩逐渐变化，很好地塑造了为人间唤光明的公鸡龙的美丽形象。

·苗族"蝴蝶妈妈"刺绣袖片

·30厘米×30厘米，14厘米×10厘米

·现代

当地的苗族称蝴蝶为"刚榜略"（苗语"蝴蝶妈妈"）。据"苗族古歌"传说，蝴蝶产下十二枚蛋，由鹡宇鸟孵化出龙、蛇、牛、雷公及苗族的祖先姜央，因而被当地苗族奉为人类的创生始祖，称"蝴蝶妈妈"，鹡宇鸟也因此受到苗人的极大尊重，都作为常见纹饰被当地苗族妇女绣于衣裙。该图案表现的就是蝴蝶妈妈和鹡宇鸟创生人类的故事。

· 苗族平绣"神鸟孵人"袖片

· 36 厘米 ×32 厘米

· 现代

这幅袖片图案表现的是苗族关于人类创生神话中鹡宇鸟孵人的故事，与台江施洞表现蝴蝶妈妈创生人类的袖片如出一辙。虽然作者不同，造型风格不同，但在构图和内容的安排上却几乎一致，体现了苗族人民对本民族文化的执着追求与坚守传承。该袖片制作于 20 世纪 90 年代末，流传于黔东南苗族地区。袖片以染青布为底，用红色丝线绣"鹡宇孵蛋"图，采用了破线绣工艺，将一根丝线破成四根以上，使丝线变得更细。这种工艺绣出来的图案平整光滑，细腻柔美。

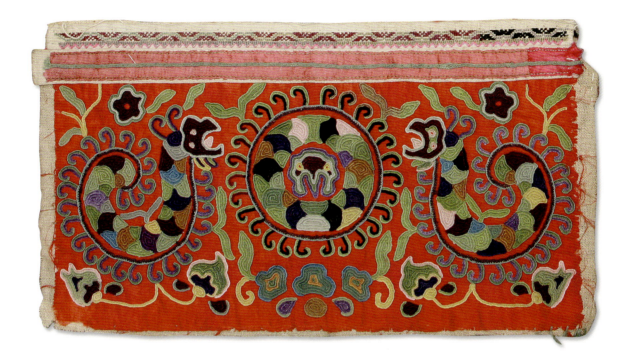

・33 厘米 × 14 厘米

・现代

苗族对龙的理解颇为特殊。在他们的刺绣图案中，凡是被神化的物品都以龙化的造型出现，即在被神化对象的身体上加上龙头的造型。这两条龙的造型就是在多足蜈蚣的身体上加了龙头。在苗族神话中，蜈蚣与人类都是由蝴蝶妈妈生下的十二个创生蛋中孵化出来的，是人类的同胞兄弟。

113

第二部分 贵州少数民族服饰与历史、文化、习俗

· 苗族平绣 "迎客图" 袖片

· 31 厘米 × 15 厘米

· 现代

苗族是一个有着丰富文化积淀的民族，由
于没有文字，他们常常把自己的历史和文
化通过特殊形式记录在服饰中，也把情感
和愿望绘在图案上，绣在衣服里。这幅 "迎
客图" 袖片，记录的就是苗族欢迎客人的
热闹场面。

此类袖片流传于清水江一带的苗族中。袖
片纹饰分为上下两组，中间以铜钱纹相
隔，下组左右各有一个庙宇作为主体图案，
庙宇下面绣小人，以示求子之意；上组绣
一三重檐的轿子，左右两侧为仪仗队，寓
意希望孩子将来升官发财、衣锦还乡。整
个袖片的装饰图案是苗族人民祈求人丁兴
旺、家境富裕的真实反映，是苗族文化中
生殖诉求在服饰上的体现。

·苗族平绣"姜央灵鸟图"袖片

· 34 厘米 × 34 厘米
· 现代

流传于台江县苗族地区。在苗族文化中，姜央是人类共同的祖先，也是苗族舞蹈艺术的创始人。传说有一天，姜央带了一坛甜酒到地里耕种，从远处飞来一群蜜蜂绕着他的酒坛盘旋，忽然他听到一只啄木鸟在树上啄木，发出"多多"的声音。于是姜央停下手中的活，仔细倾听那"多多"声，并在地里挖了个洞，用杉树皮、构皮等做了一个鼓，依啄木鸟啄木的频率敲打，便发出"咚嗒、咚嗒"的声音。姜央又模仿啄木鸟跳跃时欢快的动作跳了起来，并把这些舞蹈教授给大家，这就是最早的踩鼓。但是由于动作比较简单，变化不大，大家踩不了一会儿就冷场了。姜央灵机一动，想到了蜜蜂绕着他的酒坛盘旋的动作，于是又创造了第二种叫"略高逃大"的踩鼓步伐，大家非常喜欢。狩猎回来的猎人们也兴高采烈地加入舞蹈的行列之中，他们手持长矛长刀，一个个威风凛凛，更增添和丰富了这一舞蹈的情趣。后来，在长期的实践中，这些舞蹈又不断发展演变，融入了更多新的内容，形成了一系列内容丰富的民族舞蹈，成为巴拉河流域苗族人民在鼓社节中不可或缺的重要组成部分。

该袖片用破析的红色丝线平绣"姜央灵鸟"图案，用白色破线绣成人脸和动物眼睛，在当地苗族刺绣中较具代表性。

霓裳银装

第三部分　贵州少数民族服饰与装饰艺术
Unit III　Costume and Decorative Art of Minorities in Guizhou

  贵州少数民族服饰的装饰工艺主要有挑花、刺绣、编织、蜡染,手法风格各异,繁简不等。有的简洁古朴,不施装点;有的繁琐考究,遍身布满装饰;有的采用单一的刺绣或蜡染,有的则多种手法并用。挑花的精细、刺绣的热烈、蜡染的奇妙、编织的严谨、布贴的雅致,都充满了魅力。尤其是千变万化的图案纹样,由抽象及写实两大类构成。抽象即几何形图案的点、线、面,除了满足构图需要,许多还具有某种象征意义,揭示出深层次的文化内涵;写实图案,一般用于载史或叙事,截取历史、传说或宗教的断面,画龙点睛,展示主题。一套装饰精妙的服饰,往往要花费一个姑娘几年甚至少女期的全部时间。精湛的民族服饰工艺,是贵州少数民族妇女勤劳和智慧的象征,是中华民族传统技艺的宝库。

The decorative workmanship of minorities' costume in Guizhou mainly includes cross-stitch, embroidery, weaving, and batik that are different in skill and style, either fussy or simple. Some of them are simple and unsophisticated without any ornaments. Some are fussy and fastidious with ornaments all over the costume. Some costumes are made by using single embroidery or batik, and some are made by using various skills. Each kind of workmanship is full of charm, no matter the fine workmanship of cross-stitch, fervency of embroidery, marvelous of batik, preciseness of weaving, or elegance of pieces of decorative cloth on costumes. The diversified design patterns are formed by abstract and realistic ones. Abstract pattern is point, line, and plane of geometrical pattern. Besides satisfying the need of composition, many patterns also have certain symbolic meaning, which reveal the deep-level cultural connotation. Realistic patterns are usually from historical document or tales, which are part of history, legend or religious stories. A set of fine ornamented costume is usually spent a girl several years or even whole time of girlhood. Exquisite workmanship of national costume is symbol of hardworking and wisdom of minority women in Guizhou, as well as the treasure of traditional workmanship of Chinese people.

挑 花

挑花是贵州民族服饰装饰技艺中运用较多的刺绣工艺，它与其他刺绣工艺的主要区别在于既不事先在布上画出图案纹样，也不用剪纸图案作底纹依据，而是挑花人胸有成竹地直接在布上依照织物的经纬用针排线组成纹样，古法称㩂纱。挑花用针方法有两种：一种是用线的平行、并列组成纹样；一种是用线的交叉排列，也称十字挑花组成纹样。前者以黄平苗族挑花为代表，后者以花溪苗族挑花为代表。挑花时每一针都要数纱，必须做到严密精细，不出差错。图案纹样多为对称式、概括性强，具有很强的装饰艺术效果。

·黄平苗族挑花背扇

·71 厘米 ×56 厘米、带子 284 厘米

·现代

这种背扇流传于黄平重安江一带，是苗族妇女重要的生活用品，是背负孩子的必备之物。整个背扇呈"T"形，以自织自染的青布为里料夹层。背扇面以彩色丝线挑对称蝴蝶、飞鸟形图案花块为主，下部左右由彩色丝线挑绣四瓣花、圆点、十字形花带和黄红缎带间镶拼合而成，并以黄缎镶边，其左右缝钉深金黄色斜纹布背带，背带又长又宽，利于背负孩子时更牢固更保暖。其工艺技巧高，纹样变化多，色彩丰富，搭配协调，极富艺术魅力。

· 贵阳苗族挑方块花背扇

· 56 厘米 ×56 厘米、带子 61 厘米

· 现代

以十字挑为基本针法，富于装饰性。苗族妇女能
把平常常见的景物高度概括为美丽的装饰图案，
数纱而绣，先挑出图案的外轮廓，再逐步添加
内部花纹，最后填充细部。这件背扇就是一个
很好的实证。

· **苗族挑蝴蝶纹背带花块（背扇芯）**

· 42 厘米 ×30 厘米

· 现代

黄平苗族挑花主要运用的是平挑，也称纳绣、数纱绣。无需纹样，依经纬数纱，针脚或横或竖，平行排线组成纹样。黄平苗族挑花以工艺精湛、纹样精细著称，是挑花艺术中平挑工艺的代表。

· **苗族毛线挑菱花衣袖**

· 78 厘米 ×67 厘米

· 现代

· 苗族彩挑"米"、"囍"花块背扇
· 52厘米×52厘米、带子194厘米
· 现代

该背扇为方形,以十字挑花为基本技法,于背扇正面挑"米"、"囍"作为装饰图案,纹样考究,工艺精湛。制作者于背扇上端坠三条如意形鱼吊坠,其下坠带链响铃。该背扇选取"米"、"囍"等对称的汉字作为纹样装饰图案,是苗族十字挑花装饰特点的集中体现。

· 苗族挑菱形衣背花块

· 50 厘米 ×30 厘米

· 现代

此件花块使用深蓝丝线在青布上挑花，图案与底部的色差极小。由于采用平挑工艺，由横横竖竖，宽窄不一的排线组成动物、鱼虫、花鸟和变化多端的几何纹饰，使图案呈现一种排列的肌理美和含蓄美。加上散布的红黄亮点，如夜空中闪烁的星星，增添了神秘感。

· 苗族彩色窗形图案挑花块

· 45 厘米 ×36 厘米

· 现代

该花块以黑色麻布为底，用白色棉线在黑色底布上挑窗形图案，图案由四个对称的几何纹图案组合而成，中间以十字分割。整个图案呈左右、上下、90°旋转对称。黑白二色对比强烈，构图典雅精细，是十字挑花中的精品。

·**苗族挑绣花衣袖花边**

·48 厘米 ×13 厘米

·现代

该衣袖花边呈长方形，主要以红褐色、黄色、蓝色、白色线在黑色底布上平挑几何纹图案，为钉缀在衣袖上作为装饰之用。在平挑中各色丝线的有机组合，使得整个衣袖花边的图案朴实、典雅而富于美感。

·黄平县僅家挑几何纹背扇

· 73 厘米 ×68 厘米、带子 160 厘米

· 现代

背扇记载着当地的婚恋习俗。未婚少女在恋爱前要暗中制作背带，在男女青年寻偶的"跳花"活动中，少女即背上自己制作的背带出现在恋爱场上。少女背背带即成为求偶暗示，反映出当地奇异的恋俗。

僅家约一万多人，散居在贵州凯里，有自己独特的生活习俗、语言和服饰，曾认为属苗族，未列入 56 个少数民族之内。

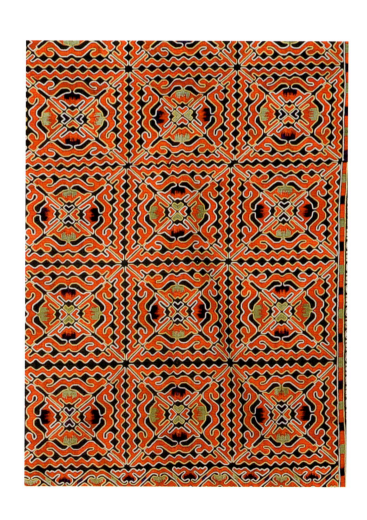

·苗族平挑火镰飞鸟袖片

·47 厘米 ×15 厘米

·现代

该袖片边呈长方形，主要以各色丝线在黑色底布上平挑火镰花、飞鸟图案，图案布局工整对称。挑者利用各色丝线的有机搭配，使整个袖片图案平实中而富于变化，极具美感。

· 苗族平挑菱形鸟蝶纹袖片
· 47 厘米 ×13 厘米
· 现代

该袖片边呈长方形，主要以各色丝线在黑色底布上平挑菱形、鸟、蝴蝶图案，图案布局工整对称。挑者在平挑中利用各色丝线的有机组合，使得整个衣袖花边的图案富丽、典雅，富于美感。

· 苗族彩挑蝴蝶花块

· 44 厘米 × 44 厘米

· 现代

该花块以青色麻布为底，以红色、粉红色、黄色、
白色丝线在底布上挑对称蝴蝶花图案。用色热烈
大胆，是苗族十字挑花中的精品。

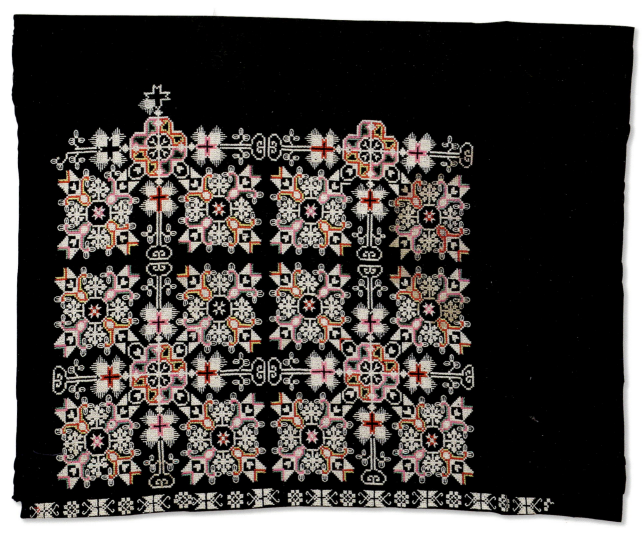

· **苗族彩挑蝴蝶背扇花块**　·34 厘米 ×34 厘米　·现代

· **苗族挑花衣背花**

·70 厘米 ×42 厘米

·现代

该花块构图严谨，设计周密，纹样考究，技艺精湛，针针线线一丝不苟，为挑花中的精品。该地区挑花工艺已列为全国第一批非物质文化遗产名录。

·苗族十字绣挑勾藤花背扇

·101 厘米 ×58 厘米、带子 153 厘米

·现代

刺 绣

刺绣是贵州民族服饰中最主要的装饰工艺，广泛运用在服饰及织物装饰中，其中以苗族刺绣最为著名，手法多样、技艺精湛。一般以剪纸纹样为底，走针引线覆盖其上。有平绣、破线绣、辫绣、绉绣、缠线绣、打籽绣等，特点鲜明、风格迥异。平绣均匀平整、破线绣平滑光亮，辫绣厚重粗犷，绉绣堆扭如砌，缠线绣轮廓分明，打籽绣如龙点睛。在同一块刺绣图案中，往往一种为主，辅以多种手法，使刺绣品呈现出生动活泼而丰富多彩的造型。

· 苗族彩绣双象鱼蝶纹袖片

· 30 厘米 × 30 厘米

· 现代

苗族热爱生活，崇尚生命，富于创造性，各种有生命的神灵动物都是刺绣图案中的主题。这些动物图像，不拘泥外在形体的准确描绘，而在于生命的灵动。在这幅袖片中，各种动物经过变形夸张，充满了灵性。构图安排主次得当，概括性强，显得异常生动。

· 苗族花鸟虫纹刺绣绣片

· 26 厘米 × 20 厘米

· 现代

苗族信仰万物有灵，世间万事万物都有灵性。在苗族古歌人类创生传说中记述：蝴蝶妈妈同时创造了人和雷公、龙、牛、虎、蛇、蜈蚣等众多生命，各种生灵共处同一世界。这幅绣片描述的就是人和众生灵友好相处、热烈而和谐的美好世界。

【皱 绣】

皱绣是用丝线编成不同色彩的丝带按底纹轮廓打折、堆叠、扭结拼成图案，每折叠一次钉一针，直至堆叠成型，一般还与锁绣、辫绣相结合，使图案呈现出不同高低、不同肌理的浮雕效果。绉绣、平绣和辫绣相比，呈现出一种粗犷、饱满、厚实的艺术效果，是苗族刺绣的重要工艺，已被列入全国第一批非物质文化遗产名录。

· 苗族皱绣龙凤玩宝袖片

·32 厘米 ×21 厘米

·现代

龙凤玩宝在汉文化的图案中颇为常见。苗族按本民族的理念来表现这一汉族常见主题，袖片中的龙被描绘成一条无足无爪修长温顺的蛇龙，显得十分可爱。

台江苗族女衣的刺绣尤其以双袖上的一对刺绣最有代表性。袖片不仅具有审美功能，还与发式、头饰、服装的款式、配件及其他装饰等一同构成各支系的服饰特征，成为区别不同支系的外形标志之一。该袖片以红色绸缎为底，周边挑花，镶齿瓣纹压金箔，主体纹饰分别用蓝、绿、紫、粉、黑等色丝线各十根编成小辫，然后将小辫按构形需要均匀地结籽皱起来，由外向里铺钉在布面上，组成浮雕般的双凤麒麟盘龙图案，其间用小亮片点缀，更显艳丽雅致而厚重，是 20 世纪 50 年代皱绣中的精品。袖片工艺和纹样属巴拉河流域苗族服饰类型。这类服饰构图表现为：整个布局对称中又有突破。中部是一条盘曲呈太阳状的龙，龙身上有似蕨类植物的纹饰，其间点缀一铜钱图案。盘龙的正上方是一只展翅的蝴蝶，蝴蝶两边上角为一对对称的朝阳凤凰，凤凰下面是两只尾巴为花草造型的引颈麒麟。整个画面蝶飞凤舞，充满生机。

· **苗族皱绣双凤盘龙麒麟袖片**

· 31 厘米 ×20 厘米

· 现代

【缠绣】

缠绣又称"梗绣"，是将较硬的梗线或马尾为内芯，外用打结法缠上丝线，再用来盘绣出各种纹样，用针线固定，绣面呈浅浮雕状。一般喜欢盘绣出龙、凤的纹样。梗线是用细布条搓捻成条，再缝合成梗。缠绣工艺比较复杂，但结实耐用。

· 榕江侗族缠绣二龙抢宝背扇

· 79 厘米 ×31 厘米、带子 150 厘米

· 现代

在侗族文化中，背扇俗称"背带"，又叫"花扇"，是姑娘出嫁前精心绣制染织以作将来背负孩子之用，也是对未婚姑娘婚后多子的期望。这种背扇流传于"九洞"侗族地区，用自织自染的血浆靛兰布和青色菱格纹布为里料，面缝贴花块夹层做成。主体装饰图案多为盘龙、二龙戏宝、动物、花朵等纹样，有的在花纹上缀银泡、金属亮片。

· 苗族缠绣双凤护花背扇
· 146 厘米 × 70 厘米
· 现代

·苗族三龙纹袖片　·34 厘米 ×20 厘米　·现代

【打籽绣】

打籽绣也称为锁绣。锁绣古称锁子绣、辫绣、辫子绣。它是用双针或单针打锁套一环扣一环，似辫子环环相扣连接成辫状组成纹样的绣法。它与平绣相比有一种肌理结构不断变化的视觉美。袖片中鸟身轮廓即是用丝带绣制而成。

·苗族打籽绣套花蝴蝶袖片　·30厘米×26厘米　·现代

· 苗族锁绣四瓣花袖片

· 23 厘米 × 15 厘米

· 现代

该袖片以四瓣花为主体图案，布局对称，装饰铜钱纹、蝶纹等。花瓣正中为庙宇图案，寓意求子之意。

・苗族辫绣七环套花袖片　　・30 厘米 ×20 厘米　　・现代

・苗族辫绣盆花飞凤袖片

・30 厘米 ×20 厘米

・现代

在贵州苗族刺绣工艺中，辫绣和绉绣都具有鲜明的特征。该袖片充分体现了辫绣、绉绣的特点，用不同色彩的丝带盘绕拼合飞凤、盆花、石榴等图形，纹样丰满，造型鲜明。同时又展现了辫绣、绉绣工艺的材质美和结构美。

· 苗族打籽绣飞凤纹袖片　　·33 厘米 ×16 厘米　　·现代

· 苗族辫绣仙果袖片

·30 厘米 ×20 厘米

·现代

贵州少数民族刺绣纹样具有想象丰富、构图大胆、变形夸张、描绘自由的特点。构图中常常是花中套花，花中套鸟，鸟中套花。这幅辫绣图案就充分表现出这种工艺特点。

· 苗族彩绣人物戏牛龙图案袖片

· 30 厘米 ×30 厘米、14 厘米 ×10 厘米

· 现代

· 侗族辫绣铜鼓面纹背扇芯

· 41厘米×41厘米

· 现代

该铜鼓面纹锁绣背扇芯，在青色底布上用全白丝线绘绣图案，采用单、双针结合的锁绣方法制造高低不同的纹理，辅以少量红线和蓝绿线，仿如一幅晶莹透亮的脂玉浮雕，十分别致。

【平绣】

平绣亦称"细绣"，为刺绣常用绣种。是在平面底料上运用齐针、抢针、套针、撒和针和施针等针法进行的一种刺绣。绣面细致入微，纤毫毕现，富有质感。

· 苗族平绣父子降龙袖片

· 30 厘米 ×30 厘米

· 现代

·苗族彩绣双鸟戏花衣袖片

·30 厘米 ×30 厘米

·现代

·苗族绣花袖片
·52 厘米 ×12 厘米
·现代

· 苗族彩绣窗棂金银花裙片

· 48厘米 ×15厘米

· 现代

该裙片用红色棉布为底，用丝线平绣将裙片分割成规则的燕尾形，每格中填充金银花图案，图案以白色丝线勾绣出纹饰的形态，用各色丝线平绣填充内部，构图美观而富于变化。

· **苗族黄蓝斜方格纹衣服花边**

· 48 厘米 ×22 厘米

· 现代

该花边以黄色、白色丝线将青色底布分割成斜方格花块，在于方格花块内用黄色、蓝色丝线绣卷云纹、卷草纹等填充图案，色彩对比强烈，极富观赏性。

· **苗族黄蓝团簇纹衣服花边**

· 52 厘米 ×20 厘米

· 现代

该花边以绛红为底色，用黄色、蓝色丝线绣团簇纹两排，成同心圆状，相互之间用黄色丝线绣卷草纹分割。使用时，将绣片镶钉于衣服上，以作花边装饰。

· **苗族蓝线绣菱形衣袖花块**　　· 45 厘米 ×18 厘米　　· 现代

· 苗族刺绣背扇　·60 厘米 ×46 厘米　·现代

【盘绣】

盘绣一般用丝线绣，有红、黄、绿、蓝、桂红、紫、白等七色绣线，绣时一般七色俱全，配色协调，鲜艳夺目。盘绣的针法十分独特，操针时同时配两根色彩相同的线，一作盘线，一作缝线。盘绣不用棚架，直接用双手操作，绣者左手拿布料，右手拿针，作盘线的那根线挂在右胸，作缝线的那根线穿在针眼上。上针盘，下针缝，一针二线，虽费工费料，但成品厚实华丽，经久耐用。其图案构思巧妙，具有浓郁的民族风格。

· 苗族彩线盘绣葫芦花杜鹃花背扇
· 59 厘米 × 46 厘米、带子 162 厘米
· 现代

该背扇以浅绿色丝线在黄红色底布上盘绣葫芦花、杜鹃花花边，用黄色、白色、绛紫色丝线放射状填充花朵内部。整个背扇构图对称，用色热烈大方。

· 水族马尾绣背扇

· 102 厘米 ×59 厘米

· 现代

在贵州各民族服饰工艺中，水族轴绣独
具特色。制作时，绣者将丝线缠绕在马
尾、竹纤维上，再将缠绕好的线条弯曲
成各种图案，用丝线固定在布面上。该
背扇即以马尾为轴，故又称之为马尾绣。
水族人认为蝴蝶是幼儿的保护神，故将
蝴蝶作为背扇上部的主体图案，下部为
四鸟环绕的发着光芒的太阳纹。整个背
扇做工精细典雅，是水族轴绣中的精品。

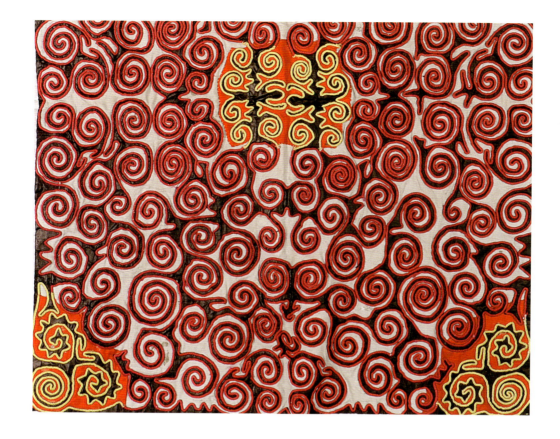

·剑河苗族裹绳绣背扇 ·78 厘米 ×67 厘米、带子 162 厘米 ·现代

编 织

编织工艺又称织绣或织锦，它是依赖织布机上的经纬线，通过数纱将彩色线或不同于织布机纱线的线编织成图案。其特点是布与图案融合为整体。它可以在织布机上织幅宽较大的花布，也可以在极其简单的腰机上编织花带，可以织单色图案，也可以织复杂的彩色图案。多用于衣裙、围腰、背扇、腰带、被面、花包等。

· 苗族编织背扇

· 97 厘米 ×60 厘米、带子 126 厘米

· 现代

该背扇流传于苗族西部方言川黔滇次方言区，背扇花纹为在织机上编织
而成，图案布局仿衣服装饰。整体造型如衣服后面的背牌，中间的方形
图案寓意城池。外围用红、黄、黑、白色布交替拼接，构图美观。

· 苗族靛青色镶菱形几何纹织锦围腰

· 61 厘米 ×53 厘米、带子 87 厘米

· 现代

该围腰流传于黔东南地区，用各色丝线制成菱形
纹花块，然后钉在亮布上，作为围腰装饰。

· 苗族织锦背扇

· 532 厘米 ×84 厘米

· 现代

蜡 染

蜡染在贵州少数民族服饰中应用较广。其工艺包括画和染两个工序，先用蜡刀蘸防染材料在白布上画出纹样图案。贵州各地大多用蜂蜡，少数为石蜡、牛油、松香等。作者都是世代居住在乡间的各民族妇女。画蜡时圆圈的规范、矩形的方整、长线的均匀、平行线的等距平直，描绘自如，不涂改，笔笔到位，技艺之精，令人叹服。用蜡画好图案后就将布放进蓝靛缸中浸染，经加热去防染材料，晾干即可。贵州蜡染题材广泛，风格各异，花鸟鱼虫、云纹水波、点线圆圈、几何纹饰等，各具特色。单色与彩色、粗犷与精细，各显风姿。纹样饱含民族的生产、生活、习俗等文化意蕴。

· 苗族蜡染缠枝花衣袖片

· 75 厘米 × 30 厘米

· 现代

·苗族蜡染卷枝花袖片
·75 厘米 ×30 厘米
·现代

· 苗族蜡染火镰花裙脚片

· 53 厘米 ×12 厘米

· 现代

·苗族蜡染窗棂鱼骨团花衣袖片

·53厘米 ×12厘米

·现代

该袖片主要装饰窗棂团花图案，制作者在画好蜡画进行染色之后，还要对其进行填色处理，使其色彩丰富，富于变化。

· 苗族蜡染大雀花衣袖片 · 43 厘米 ×18 厘米 · 现代

· 苗族蜡染鱼雀花加填绣衣袖片

· 37 厘米 ×18 厘米

· 现代

该袖片主要装饰鱼雀花图案，构图对称，色调淡雅。制作者在将袖片制成之后，还要用彩色丝线于花心处绣出花蕊，使其更为美观大方。

· 苗族蜡染窗棂团花纹袖片

· 55 厘米 ×26 厘米

· 现代

· 黔西苗族彩色蜡染火镰花背扇
· 59厘米 ×53厘米、带子210厘米
· 现代

· 僅家蜡染百鸟朝阳纹背扇

· 80 厘米 ×71 厘米

· 现代

黄平僅家蜡染在贵州少数民族蜡染中较负盛名。该背扇的主体图案呈"T"形。"T"形内规则地排列着五个太阳纹，周边环以飞鸟、蝙蝠、鱼等纹饰，对称分布。"T"外围饰涡纹。图案布局工整对称，素净淡雅，体现了画师精湛的蜡画技艺。

· 僙家蜡染图案背扇花块

· 75 厘米 ×75 厘米

· 现代

该花块呈方形，以方形和圆形相互组合，空白处用卷云纹装饰。整个构图工整对称，线条粗细均匀流畅。使用时，将花块缝钉在背扇表面，作为装饰之用。

布 贴

布贴又称布绣、贴绣，是一种古老的工艺。布贴有堆花、彩布拼花、彩布镶嵌、彩布作底的补花几种。其制作方法：一是将不同颜色的布块剪成方形、三角形、长条形，用针线拼接镶嵌成图案纹样；另一种是将布按剪纸纹样剪成具体的花纹样式，再用锁绣方法固定在衣服上，还可在贴布上再绣纹样。在贵州，布贴一般都与刺绣或蜡染工艺相结合使用，不仅丰富了造型效果，还增强了图案的趣味性。

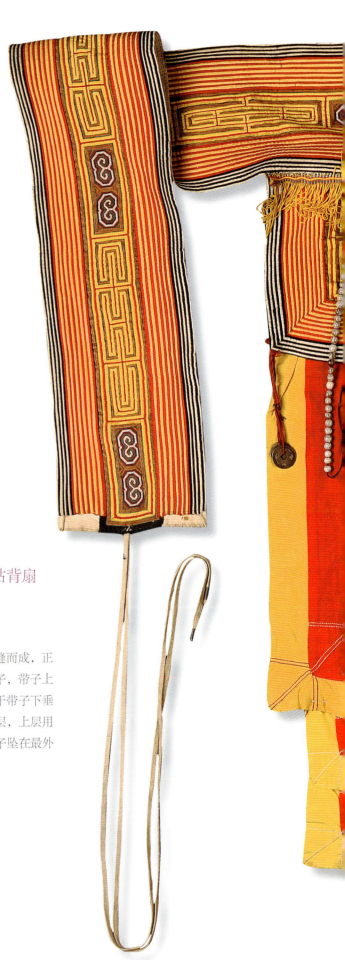

· 毕节市阴底苗族挑花、布贴背扇

· 228 厘米 × 92 厘米

· 现代

该背扇共用红、黄二色布层层相间拼缝而成，正中镶十字绣卷云纹。最上端为背扇带子，带子上也以红、黄二色布层层拼缝装饰，并于带子下垂流苏、串珠、铜钱等。铜钱分上下二层，上层用各色丝线包裹，下层铜钱直接用红带子坠在最外层的背扇上，美观大方。

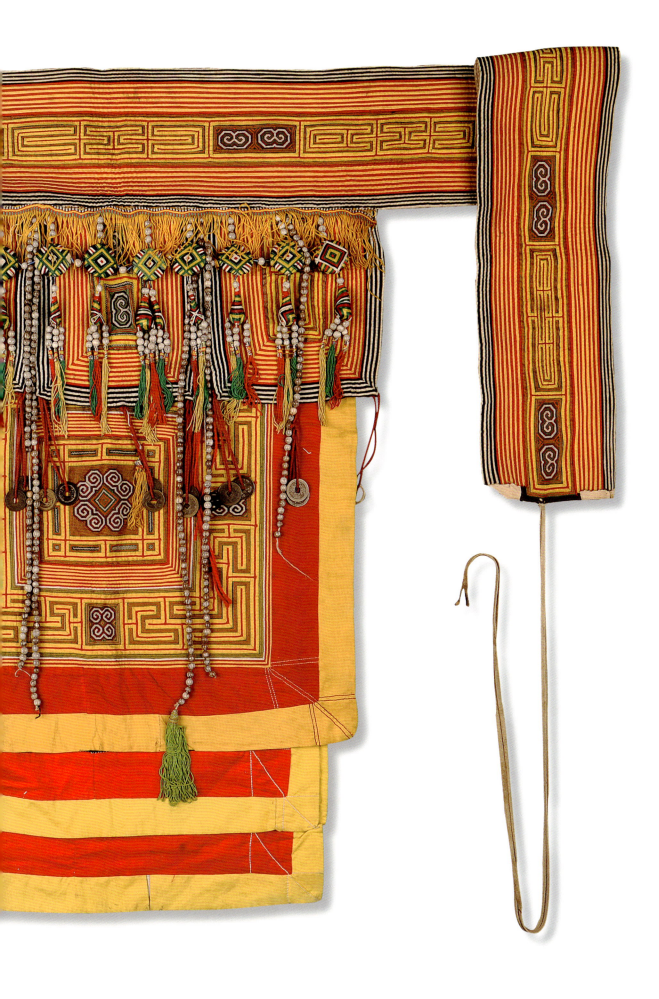

· 从江苗族贴绣螃蟹花蝶背扇

· 83 厘米 ×41 厘米、带子 215 厘米

· 现代

该背扇用斜方格纹装饰，将背扇分割为几个部分。斜方格内填充团花图案，花心为太阳纹，又于太阳内装饰朵花图案。斜方格纹外，四角饰以朵花，边上为折枝花，同时于背扇面上遍钉圆形亮片，增加背扇的亮度。

· 台江革一苗族布贴背扇心

· 68 厘米 ×56 厘米

· 现代

霓裳银装

第四部分　贵州少数民族服饰与银饰

Unit IV　National Costume & Silver Ornament of Guizhou

　　贵州各民族皆有饰银习俗，其中以苗族为最，清水江、都柳江流域的苗族、侗族姑娘，节日时自头至腰，银妆密裹，重者逾二十斤。贵州民族银饰品种齐全、款式众多，其造型既演绎着传统的古典美，又张扬着民族的个性美，百态千姿，美不胜收。在经济发展的需求下，贵州民族银饰特别是苗族银饰，遵循着以大、多、重为美的传统审美法则，在九十年代达到巅峰。由于银饰加工的需要，出现了很多银匠村和银匠世家，一些苗族妇女也成了银饰加工能手。

　　在艺术家眼中，绚烂的苗族银饰是神性的张扬和想象力的驰骋，是穿在身上的造型艺术。世界上很少有一个地方像贵州一样，汇集了如此之多的银饰；也很少有一个民族像苗族一样，如此热爱银饰甚至于顶礼膜拜，并赋予银饰绚烂而厚重的民族文化，使其具有悠久绵长的生命力。

Every nationality in Guizhou has the custom of wearing silver ornament, and Miao nationality is the most. Girls of Miao and Dong nationalities in Qingshuijiang River and Duliujiang River region, they dress themselves with silver ornaments over 20 jin (10 kilogram) from head to waist in festivals. The silver ornaments of Guizhou people have all kinds of silver ornaments in various styles. The diversified and beautiful patterns of silver ornaments have both traditional classic elegance and national personality charm. Under the situation of economic development, the silver ornament of Guizhou people, especially the Miao people, are followed the traditional aesthetic principle – "big, many, and heavy", which prevailed and reached the peak in 1990s. Due to the requirement of producing silver ornaments, many silversmith villages and silversmith families are appeared, and some women of Miao people become the master-hands of silver producing.

In the eyes of artists, splendid silver ornament of Miao people is the display of deity and gallop of imagine, as well as the wearing plastic arts. Few places in the world are similar with Guizhou that gathers so many silver ornaments. And few nationalities are like Miao people loving silver ornaments so much even to the level of prostrating in worship, and bestowing the silver ornaments splendid and deep national culture to make them have long vitality.

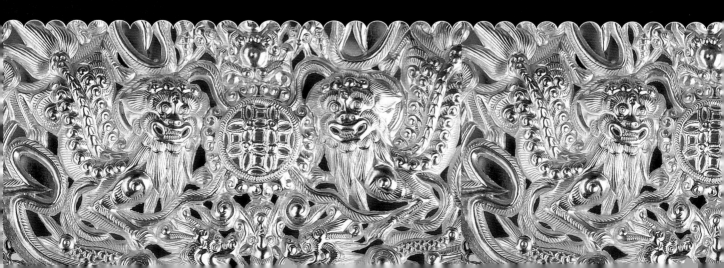

· "榜香由"银耳环

· 尺寸：9.5厘米 ×5.5厘米
　　　　9.5厘米 ×5.2厘米

· 重量：101.7克

· 现代

该耳饰上端为蜻蜓状，银条弯钩呈圆环。在苗语中"榜香"为蜻蜓之意，"由"为飞翔之意，"榜香由"即为飞翔着的蜻蜓。此类银耳环流传于台江、剑河苗族地区。相传这几个地方毒蚊肆虐，村废人稀，一位名叫榜香的妇女，时年八百岁，毅然化身蜻蜓，吃光毒蚊，保住了一方生灵，当地人们才得以繁衍至今，由此"榜香由"成了戴在苗族妇女耳朵上的女神。而在黎平，这是苗族青年男子佩戴的耳环。

·苗族菊花银耳环

·尺寸：4.6 厘米 ×3.8 厘米
         4.5 厘米 ×3.9 厘米

·重量：27.4 克

·现代

流行于黔东南苗族地区。整件银饰素地，环以银条弯曲而成，在银条上焊接银片卷成的菊花。造型简洁大方而又不失典雅，是一款传统工艺造型饰品。

· 苗族梅花瓜米滴垂银戒指

· 尺寸：5.8 厘米 ×2.3 厘米

· 重量：14.1 克

· 现代

流行于黔东南苗族地区。该银饰以银条卷成环，
再于环上焊接梅花，梅花花瓣边缘焊掐丝银线，
下坠瓜米，瓜米表面为叶纹，造型简洁、大方。

· **侗族宫灯吊穗银耳环**

· 尺寸：8.2 厘米 ×3 厘米

· 重量：47.3 克

· 现代

整件饰物形似灯笼。耳环为钩状形，钩部两端盘曲，钩下以银丝扭三层菊瓣纹呈花篮状，盘下垂银坠，做工精细，是黎平一带侗族妇女喜爱的耳饰。

· 侗族菊花吊穗银耳环

· 尺寸：10.9 厘米 × 3.4 厘米

· 重量：87.5 克

· 现代

该饰品形似灯笼，耳环钩状，钩部
两端盘曲，钩下以银丝扭三层菊瓣
纹呈笠形盘，盘下垂吊二十四组长
叶片银坠，银叶片不仅大方美丽，
走路时相互轻轻碰撞，发出声响。
做工精细。

· 布依族菱形银耳环

· 尺寸：10.4 厘米 × 4 厘米

· 重量：53.8 克

· 现代

环下坠呈菱形，錾刻乳钉纹、连珠
三角纹，造型简洁，工艺精湛。此
类银耳环流传于安顺布依族地区，
为布依族银饰中的传统款式。

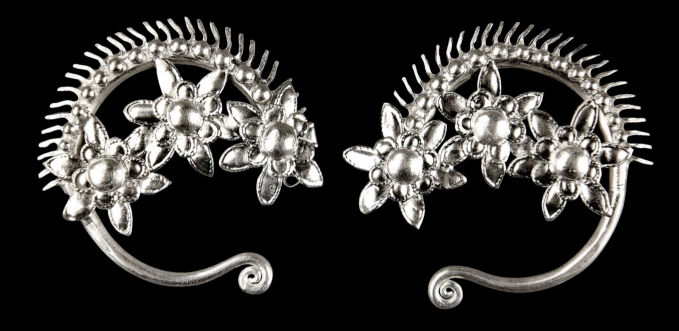

· 侗族菊花龙爪银耳环

· 尺寸：6.5 厘米 ×6.5 厘米

· 重量：73.5 克

· 现代

耳饰为环状形，龙爪叶上焊贴三朵野菊花，花蕊突起，花瓣下垂，龙爪叶边镶一串珠纹，形象极为生动。该饰品流传于黎平肇兴一带侗族地区。

· 苗族牛角形银耳环

· 尺寸：直径 3.3 厘米

· 重量：33.4 克

· 现代

该耳环由细到粗，形似牛角，粗端用银丝扭结为坠，细端用银条弯曲成环。苗族特别喜爱牛角形耳环，他们认为牛角有驱邪的功能。其形制多种，有四棱柱、刻花挖槽四棱柱、刻花扁平形、空心圆柱錾花双牛角形、绞丝圆柱形等，广泛流传于黔东南地区。

· 苗族蝴蝶瓜花吊坠银耳环

· 尺寸：8.2 厘米 ×4 厘米

· 重量：27.1 克

· 现代

该耳环主要以錾刻和掐丝工艺为主，耳环正面较宽，上面錾刻花纹，并于正面焊接掐丝蝴蝶花，下坠掐丝蝴蝶和瓜花吊坠。在苗族文化中，妹榜妹留（蝴蝶妈妈）属传统图案题材。苗族古歌传唱到，枫木生下了妹榜妹留；妹榜妹留生下了十二个蛋，由鹡宇鸟孵化出苗族祖先姜央和十二兄弟。故苗族银饰多以花、鸟、蝶作为装饰题材，与传统文化紧密结合。

· 苗族三螺吊叶银耳环

· 尺寸：16.8 厘米 ×4.9 厘米

· 重量：117.2 克

· 现代

耳环以银条卷成环状，于下段卷曲成涡纹。坠子由细银条卷成涡纹的三个圆圈组成，再下以叶为吊坠。该饰品工艺繁复，体现了银匠高超的掐丝工艺。

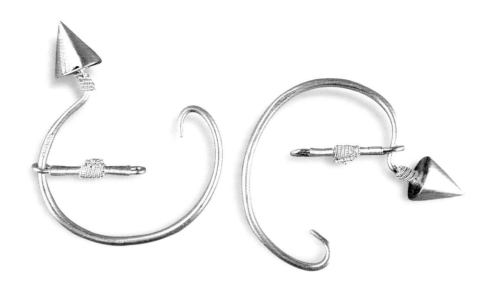

·苗族锥角银耳环

·尺寸：7.7 厘米 ×6.4 厘米

·重量：39.1 克

·现代

此类银耳环流传于都匀市基场苗族地区，将蒜苔杆设计为环的传统式样，将苔尖夸张放大作为坠饰。这是一款造型简约、风格独特、极为写实的工艺品。由于该耳饰造型别致，很受苗族妇女喜爱，流传甚广。另外，在苗族文化中认为一切尖锐锋利之物都有辟邪的功能，这也是苗族妇女喜欢佩戴此类银耳环的另一层原因。

·苗族竹节乳丁银耳环

·尺寸：7.6 厘米 ×6.2 厘米

·重量：123.6 克

·现代

该耳环用银丝缠出竹节，节上镶焊乳钉，造型独特。该饰品流传于黎平、从江、榕江苗侗地区。黔东南雷公山的苗族妇女，她们又将该耳环称之为蜈蚣耳环，认为银丝缠节是蜈蚣的身，九个乳钉表示蜈蚣的脚，顶端的旋涡纹则是苗族先民曾经生活在水边的标志。

蝉纹镶珠米耳坠银耳环

- 尺寸：13.5 厘米 ×7.8 厘米
- 重量：84.3 克
- 现代

银条弯曲为环，以錾刻蝉纹为坠，蝉
的形态生动自然，双翅展开作飞翔状，
蝉下坠瓜米，瓜米籽粒饱满。此类耳
环流传于台江施洞地区。

· 苗族涡纹盘坠银耳环

· 尺寸：6.5 厘米 ×3.6 厘米

　　　　6.6 厘米 ×3.7 厘米

· 重量：44.8 克

· 现代

此类耳环流行于雷公山一带，造型简洁，直接用细银条盘成涡纹，上面弯曲成挂钩。涡纹是苗族先民曾经生活在水边的标志。

· 苗族牛角银耳环

· 尺寸：直径 4.5 厘米

· 重量：56.7 克

· 现代

流传于关岭、贞丰一带苗族地区。该耳饰实心，也有中空的，由细到粗成圆形，粗端留活口，通体錾月牙纹、扇羽纹、三角纹等。造型古朴典雅，甚美。

苗族二龙戏珠银项圈

· 尺寸：52 厘米 ×30 厘米

项圈直径 30 厘米

· 重量：783 克

· 现代

流行于黔东南一带。呈圆形，内平滑。正面以镂空卷草纹为底，焊贴二龙戏珠纹，下坠蝴蝶、叶片吊穗，造型立体写实，纹饰精细生动。由于早期的苗族银匠多为汉族工匠，故汉文化中的二龙戏珠、双狮、双凤等装饰题材，常被运用到苗族银饰中，这也是苗族银饰早期作品的装饰风格。

· 苗族蝴蝶朵花大银插花

· 尺寸：24.5 厘米 × 19.5 厘米

· 重量：157.4 克

· 现代

该银插花流行于台江县施洞镇一带，先以银条弯曲制成插针，再在银条上焊接蝴蝶、朵花，蝴蝶居于中央，朵花围绕四周。朵花瓜米状银坠，仿古代步摇的形制。该头花佩戴时插于头右，与另外一支插花成对佩戴，工艺极为精细。

· 苗族螳螂朵花小银插花

· 尺寸：24 厘米 × 18.5 厘米

· 重量：142 克

· 现代

该银插花流行于台江县施洞镇一带，先以银条弯曲制成插针，再在银条上焊接螳螂、朵花，螳螂居于中央，朵花围绕四周。该头花与苗族蝴蝶朵花大银插花成对佩戴使用，佩戴时插于姑娘的头左，是施洞苗族姑娘着盛装时的必备银饰。

此类发簪仅见于台江施洞一带。簪身为扁平条形，顶端为立体、写实、与当地的龙船节密切相关的龙头造型。该发簪形似龙船头，戴于女性头上，寓意吉祥。

· 苗族龙头银插针
· 尺寸：长 23 厘米
· 重量：39.2 克
· 现代

· 苗族龙头银插针
· 尺寸：14.2 厘米 × 3.3 厘米
· 重量：13 克
· 现代

该发簪流行于台江施洞一带。发簪以传统题材妹榜妹留（蝴蝶妈妈）为装饰图案，反映了贵州银饰与传统民族文化的紧密相连。

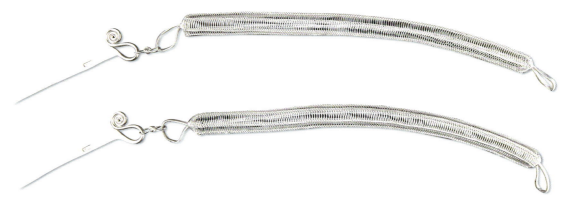

·苗族银毛毛虫

·尺寸：36.5 厘米

·重量：70.5 克

·现代

该银毛毛虫流行于台江施洞一带苗族聚居区，用银丝编制而成，一端有扣孔，另一端于扣孔上系插针，佩戴时将另一支龙头形插针贯穿两扣孔，再将其插于发髻上。毛毛虫另一端两插针从发髻两侧环绕至脑后插入。起固定作用。

·侗族轴状菊花银耳坠

·尺寸：5 厘米 ×1.5 厘米
　　　　菊花直径 1.5 厘米

·重量：21.4 克

·现代

该耳坠流行于黎平一带侗族中，耳坠采用焊接工艺制成车轴状，车轴外侧装饰菊花，外侧车轴做乳钉突出，造型简洁。

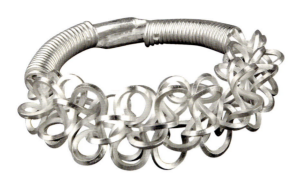

·**苗族绞藤纹银手镯**

·尺寸：外径 8.7 厘米～ 9.7 厘米
　　　　内径 6.5 厘米～ 6.7 厘米

·重量：295 克

·现代

苗族银饰以多、重、大为美。该手镯用银条绞成，造型简洁大方，体现了苗族银饰以重为美的特点，流行地域甚广，在整个黔东南苗族地区妇女中均有佩戴。

·**苗族小米纹银手镯**

·尺寸：外径 9 厘米～ 9.2 厘米
　　　　内径 6.5 厘米

·重量：291.5 克

·现代

此类手镯流传于黔东南苗族地区。由细银丝缠绕而成，末端接头处为两根六棱柱形细银条与缠丝相接，工艺精细，美观雅致，体现了苗族银饰以多为美、以大为美、以重为美的特点。

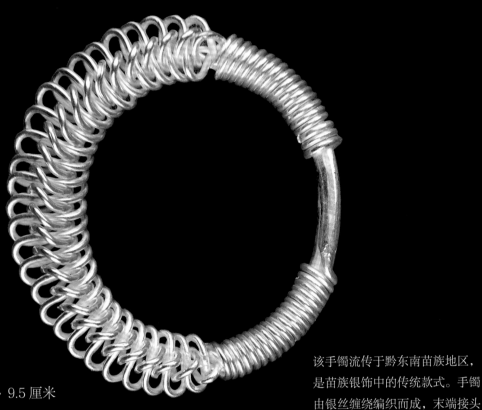

· 苗族裹丝银手镯

· 尺寸：外径 8.6 厘米～ 9.5 厘米
　　　　内径 6.1 厘米
· 重量：301.5 克
· 现代

该手镯流传于黔东南苗族地区，是苗族银饰中的传统款式。手镯由银丝缠绕编织而成，末端接头处为两根细银条与缠丝相接。工艺精细，美观雅致。

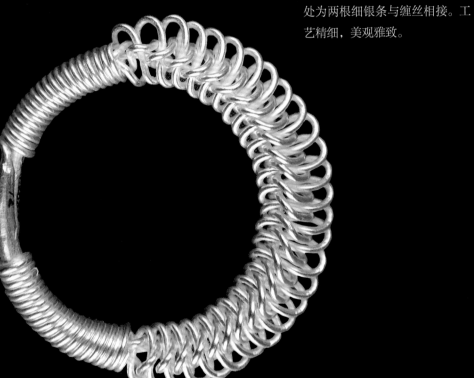

·苗族三排珠银手镯

·尺寸：外径 7.4 厘米
　　　　内径 6.2 厘米、宽 3.6 厘米

·重量：201.9 克

·现代

此类手镯流传于黔东南苗族地区。该手镯为活口，镯面饰三排乳钉纹，乳钉以细银丝制成，晶莹剔透；两端排列五颗铆钉，呈梅花形，铆钉间饰为镂空四瓣花。是一款纯装饰品的银手镯。

·苗族一排珠银手镯

·尺寸：外径 7.1 厘米
　　　　内径 6.3 厘米、宽 2.6 厘米

·重量：107 克

·现代

该手镯流传于黔东南苗族地区。这是一款纯装饰品的银手镯，为财富的象征。镯面为一排掐丝乳钉纹，做工极为精细。

· **苗族丁螺纹银手镯**

· 尺寸：外径9厘米、内径6.4厘米

· 重量：173.3克

· 现代

这类手镯流传于黔东南苗族地区。该手镯中空、活口，为双头龙造型，龙头及龙身饰乳钉纹，錾刻龙鳞。其双头龙造型源于双头龙舍身救众人的传说。在苗族的造型艺术上，龙形并无固定模式，而是因物种而异，动物可以为龙，植物可以为龙，甚至连用具也可以为龙，呈现出千姿百态的龙世界。常见的动物龙有水龙、蛇龙、人首龙、牛龙、羊龙、蚕龙、鱼龙、螃蟹龙、蜈蚣龙等；植物龙有花龙、叶龙、草龙等；用具龙有撮箕龙等……这对龙镯，龙头无角无须，头部呈三角形，吻部尖突有力，酷似苗蟮，当地人称之为"鱼鳅龙"。

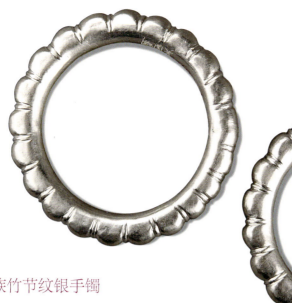

· 苗族竹节纹银手镯

· 尺寸：外径 9 米、内径 6.3 厘米

· 重量：176.9 克

· 现代

该手镯中空，镯面呈竹节状，造型古朴，是苗族传统手镯款式之一，其造型来源于苗族古歌《洪水潮天》的典故。相传在很久很久以前，人类始祖姜央和雷公为争当大哥而发生激烈的冲突。一怒之下，雷公发洪水淹没了大地和人类，只有姜央兄妹藏身于葫芦才保住了性命。在竹子的多方斡旋下，姜央兄妹终结为夫妻，人类得以繁衍。为纪念竹子斡旋之功，人们仿竹子的形状制成手镯佩戴，以表示时刻牢记竹子之恩。该手镯正是这一神话传说在苗族银饰中的反映。

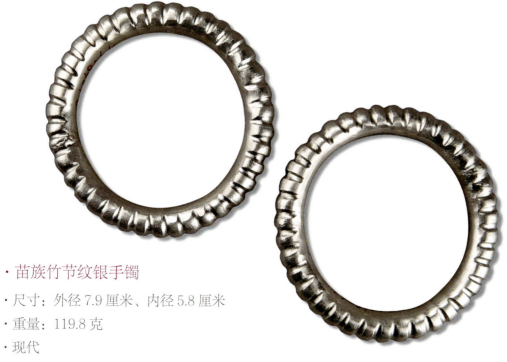

· 苗族竹节纹银手镯

· 尺寸：外径 7.9 厘米、内径 5.8 厘米

· 重量：119.8 克

· 现代

· 苗族六棱银手镯

· 尺寸：外径 8.9 厘米
　　　　内径 6.3 厘米

· 重量：314.3 克

· 现代

此类手镯流传于黔东南苗族地区。女性佩戴只代表财富；男性佩戴在表示财富的同时，更多表示"添寿"。"添寿"是男孩出生以后请巫师"过阴"算命，如果缺寿则请房族中十二位有福有寿的长者，每人赠送一钱二分银子加上主家一定数量的银子打成银手镯给这个男孩佩戴，以示"添寿"。"添寿"的手镯只能由本人佩戴，其他人不能佩戴。这款手镯是传统造型与现代造型相结合制作而成的立体手镯，是近几年比较流行的款式。

· 西江苗族六棱银手镯

· 尺寸：外径 7.4 厘米、内径 6 厘米

· 重量：211.5 克

· 现代

· 雷山苗族银手镯

· 尺寸：外径 7.5 厘米

· 重量：217 克

· 现代

此类手镯流传于黔东南广大苗族地区。

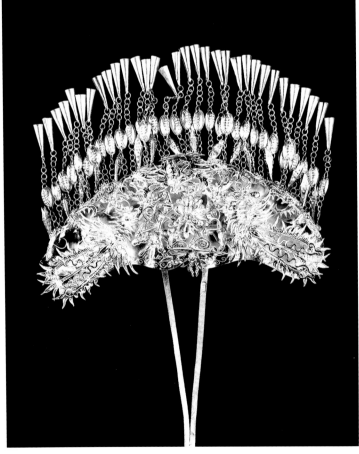

· 苗族螳螂双龙双凤银插花

· 尺寸：全长 29.8 厘米、宽 17.9 厘米

· 重量：222.3 克

· 现代

该银插花装饰二龙戏珠、双凤、锦鸡等图案，下着喇叭吊坠，是古代步摇在苗族银饰中的再现。同时，图案中二龙戏珠、双凤与锦鸡、螳螂等的组合，也体现出苗族银饰文化兼容并蓄的特点。

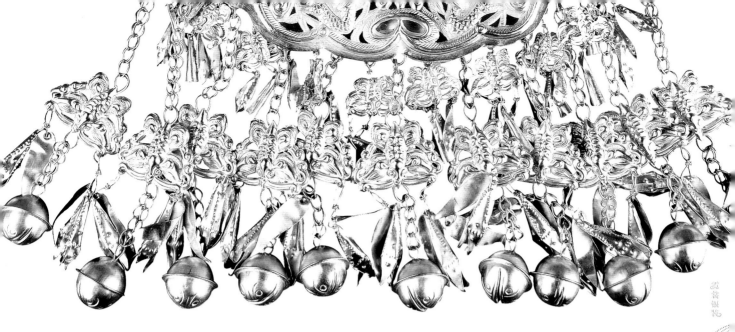

· 水族双狮坠蝴蝶响铃银压领

· 尺寸：压领长 10.8 厘米、宽 18.8 厘米、吊坠长 8.8 厘米

· 重量：283.8 克

· 现代

该压领流行于荔波、独山等水族地区。压领呈腰子形，以银链两端连
接蝴蝶，与压领上的银环连接；压领正面透雕对称双狮纹样，下坠蝴蝶、
喇叭、响铃吊穗。其中双狮纹样是压领的常见装饰，工艺精致。

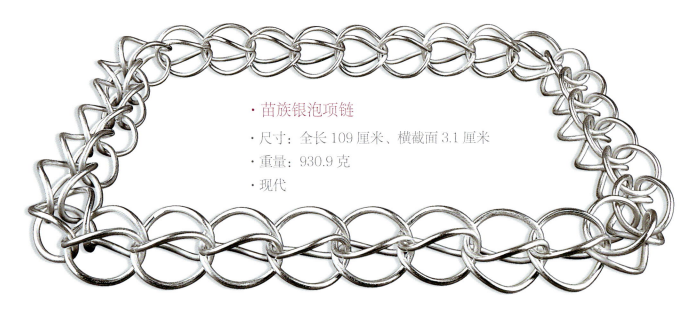

·苗族银泡项链

·尺寸：全长 109 厘米、横截面 3.1 厘米

·重量：930.9 克

·现代

此类项圈流行于台江施洞一带，用 31 根银条相互扣成，工艺简单，是苗族银饰以多为
美、以重为美审美观念的直观反映。历史上，施洞是黔东南地区重要的水陆码头，也
是重要的货物集散地，民户殷足，随着大规模林木贸易的开展，大量白银流入施洞，
因此当地人将白银作为饰品佩戴不足为奇，银饰的工艺美感反而退居次要位置。

·苗族朵花蝴蝶银簪

·尺寸：长 13.5 厘米

·重量：8.4 克

·现代

该银簪制作工艺极为简单，仅在顶部压膜成
朵花、蝴蝶图案。此类银簪流传范围甚广，
在贵州苗族、布依族、彝族中均有分布。

·苗族笔形银插针

·尺寸：长 26.7 厘米

·重量：82.8 克

·现代

此类插针状如毛笔，有简单錾刻花纹，是苗族妇女着便装时必备的银饰。该插针制作工艺简单，流传范围比较广泛，在整个黔东南地区均有分布。

·苗族梅花银项链

·尺寸：全长 98 厘米

·重量：587.3 克

·现代

此类项链流行于台江县施洞镇。项链用薄银皮卷成梅花朵，再用小银环相互连接成串。苗族妇女为了显示家庭的财富，佩藏银饰时种类越多越好。这款环片项链就是其中的一种。

苗族二龙戏珠银扇

- 尺寸：长50厘米、宽35厘米
- 重量：629.3克
- 现代

这款银扇的两只角各盘旋一条浮雕龙，形成二龙戏珠的图案。角尖为铜鼓纹，中间的两银片上装饰锦鸡，银片顶端为蝴蝶戏花的图案，银角基部饰头顶宝珠的小孩图案。这些图案中，锦鸡和铜鼓为苗族传统纹饰，而二龙戏珠则是明显受汉文化的影响，体现了苗族兼收并蓄的文化特征。

· **苗族车轴状银耳环**

· 尺寸：4.6 厘米 ×3.8 厘米、4.5 厘米 ×3.9 厘米

· 重量：191.2 克

· 现代

该耳环称大小头，形似车轴，素地，无纹饰。黔东南苗族妇女
自幼年穿耳，就是为了成年后能佩戴上这种又大又重的耳柱。
她们认为耳长是一种美，且洞越大越能显示家庭的富裕。

· **西江苗族车轴状银耳环**

· 尺寸：大径 2.8 厘米、小径 2 厘米、孔径 0.6 厘米

· 重量：51.5 克

· 现代

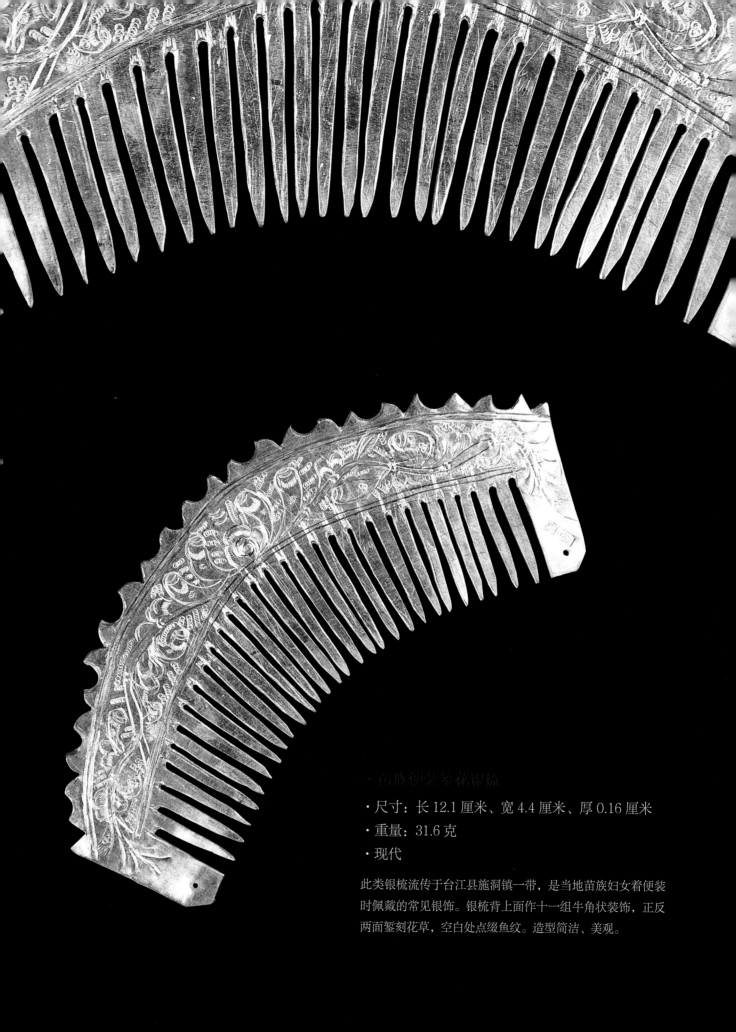

苗形便装錾花银梳

· 尺寸：长 12.1 厘米、宽 4.4 厘米、厚 0.16 厘米
· 重量：31.6 克
· 现代

此类银梳流传于台江县施洞镇一带，是当地苗族妇女着便装时佩戴的常见银饰。银梳背上面作十一组牛角状装饰，正反两面錾刻花草，空白处点缀鱼纹。造型简洁、美观。

·苗族银抹额

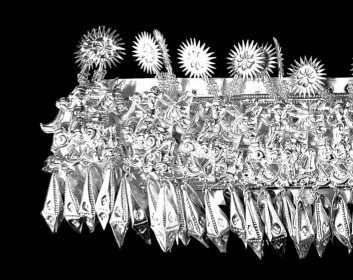

·尺寸：长 47 厘米、宽 10.2 厘米
·重量：330 克
·现代

银抹额有两种类型，一种是将散件银饰固定在头帕上，另一种则整体为银制，内衬布垫或直接固定在头上。其中施洞苗族银抹额为后一种，最为精致。抹额分三层，上层为芒纹太阳花；中层正中镶嵌圆形镜片，镜片两侧共有十四位骑马将士；下层为垂穗。银马围帕以骑马将士为主纹，兵士们披盔戴甲，队列整齐，骏马蹄踏银铃，威武雄壮。中层图案被认为是张秀眉及其将领的形象。在雷公山地区，这些图案被认为是九黎集团的首领蚩尤和"弟兄八十一人"的形象。

·西江苗族锦鸡左插花

·尺寸：全长 30.5 厘米、插针长 15.7 厘米
·重量：203.8 克
·现代

此类银插花一对两支，流行于雷山县西江镇及其周边地区。银插花以插针作为基座，在插针上用银丝固定锦鸡。锦鸡造型写实立体，头朝前，双翅展开，后面尾羽成三层向外铺陈开去，尾羽做八瓣花，层层叠叠，晶莹剔透，美观大方。黔东南苗族自称"嘎闹"，意即"鸟的后裔"，而锦鸡则被认为是苗族人民心中的美神之一，将银插花制作成锦鸡的模样，是苗族传统文化在银饰之中的重要体现。

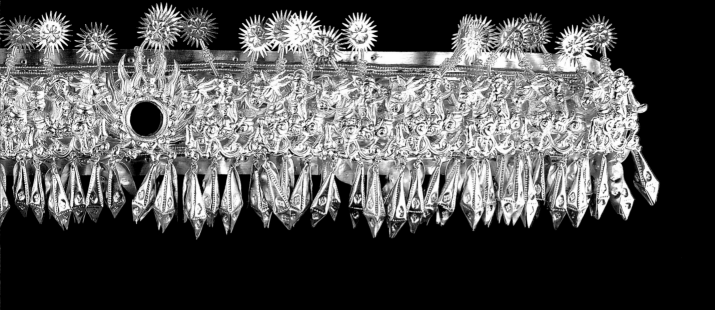

- 西江苗族锦鸡右插花
- 尺寸：全长 30 厘米、针长 15 厘米
- 重量：200 克
- 现代

此类银插花一对两支，有左右之分，流行于
雷山县西江镇及其周边地区，银插花以插针
作为基座，在插针上用银丝固定锦鸡，与另
一只配对使用。

· 西江苗族银顶插花

· 尺寸：高 19 厘米、宽 14.4 厘米
· 重量：231.1 克
· 现代

此类顶插花流行于雷山西江及其周边地区，顶插花为双股插针，于插针顶部焊接固定铜片，铜片半圆形，在半圆银片弦侧立三支展翅欲飞的锦鸡，锦鸡周围用朵花盘绕装饰；在半圆银片边上，下饰各种吊坠，是古代步摇的完整再现，佩戴时置于头顶。

·西江苗族银梳

- 尺寸：长 14.2 厘米、宽 7.2 厘米
- 重量：380.4 克
- 现代

花梳上顶部饰以三只站立的锦鸡，作展翅欲飞状，后面尾羽为三层，层层铺叠展开，尾羽顶端为八瓣花；银梳两侧有两个银插针，用银链与花梳两侧连接，便于佩戴时插入发内固定银梳。

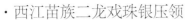

· 西江苗族二龙戏珠银压领

· 尺寸：链长 96 厘米、
    压领及吊坠长 29.6 厘米、宽 22.3 厘米

· 重量：752.1 克

· 现代

压领呈现腰形，以银链两端连接蝴蝶，与压领上的银环连接；压领正面透雕对称双狮二龙戏珠纹样，下坠蝴蝶、喇叭、古钱、响铃吊穗。双狮、二龙戏珠是压领的常见纹样。因做工精细，形制美观，此类压领的流传范围比较广泛，主要分布于黔东南地区。

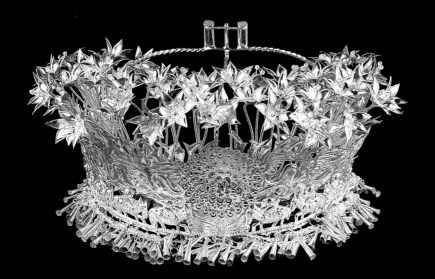

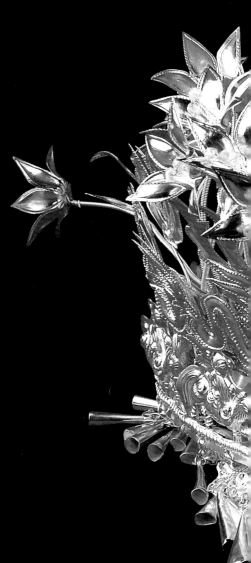

·西江苗族银花冠

- 尺寸：宽 40 厘米、高 18.5 厘米
- 重量：1086.5 克
- 现代

这种类型的银花冠主要以雷山县西江镇为中心分布，且具有代表性。银冠里面以铁丝做支架，上有横梁，并置有插孔，便于安插大银角，支架外围包裹制好的银片。银冠分上中下三层，上层满饰朵花；中层正中为大团花，左右对称分饰双龙，双龙下左右各饰以七位骑马武士的图案；最下层为蝴蝶、小喇叭组成的吊坠。西江银饰工艺多为压模，制作出图案的大致轮廓，錾刻修饰细部，然后用银线勾边。该银冠正是这一工艺的最佳体现。

·苗族二十四锥角银抹额

- ·尺寸：长 45.5 厘米、宽 6.8 厘米
  锥角高 6.5 厘米
- ·重量：513.3 克
- ·现代

该银抹额流行于榕江地区。头帕为两块银片相连，表面焊接二十四个圆锥体。苗族认为一切锋利之物皆有驱邪的功能，该银抹额造型独特，男女皆用，佩戴时围在额前。

·西江苗族花鸟乳丁纹银手镯

- ·尺寸：宽 9.8 厘米、直径 6.5 厘米
- ·重量：352.8 克
- ·现代

该手镯采用压模工艺，正面为螺旋形乳钉，成五排分布，两侧为两只鹡宇鸟仰首相望。如此超宽的银手镯仅见于雷山一带。该地的相邻地区苗族饰戴手镯不以一对为限，多者可达 8 对，追求腕部满饰效果。超宽银手镯是当地饰腕既经济又巧妙的独特设计。

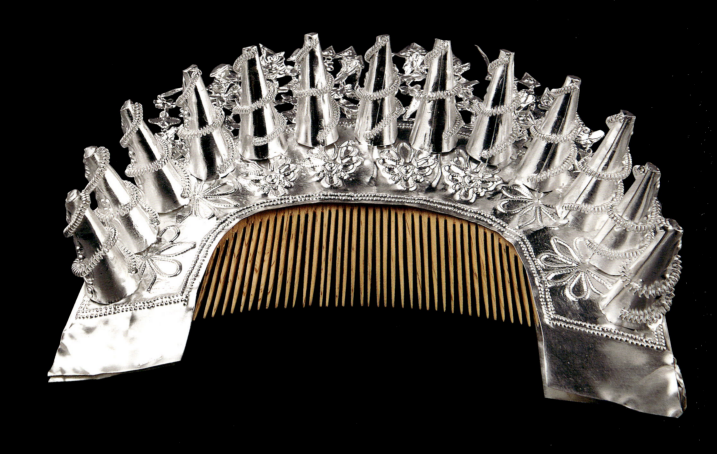

· 西江苗族包银寿仙木梳

· 尺寸：深 15 厘米、宽 21.7 厘米
　　　　寿仙高 4.7 厘米

· 重量：402.6 克

· 现代

十三个寿仙高居花梳之上，寿仙造型简洁，
里用素面银片卷成锥状，表面用银丝绕成簧
状呈螺旋形缠绕而成，蝶吊、瓜米吊垂于其下。
其造型受到当地巫术文化的影响，具有护身
驱邪的功能。这种造型的包银花梳在都柳江
流域的三都、榕江一带十分流行。

· 西江苗族錾花扭丝银项圈

· 尺寸：直径依次为 23.3 厘米、22 厘米、19.9 厘米
· 重量：1693 克
· 现代

圈皆为绳索状，实体，活扣，搭扣上饰三个螺纹乳钉。该项圈除中间与下端錾刻朵花外，
皆素地无纹饰，造型古朴简洁而不失凝重，充分体现了苗族银饰以重为富的审美特点。

·苗族錾花耕牛银项圈

·尺寸：大只长径 35.3 厘米，
　　　短径 3.7 厘米、最宽 7.6 厘米；
　　　小只长径 27.6 厘米，
　　　短径 24.2 厘米、最宽 6.7 厘米

·重量：881 克

·现代

此类项圈流传于黔东南苗族聚居区。项
圈一套两只，较小者正中饰以一头作低
头吃草状的牛，牛的前后各有一人，人
身后是一条蛇，蛇后又是一只鼠，鼠健
硕且尾长，上下饰以连枝花；较大者为
一头牛居中作回首状，左右两端饰连枝
花。整个项圈平面上采用了浅浮雕法，
空白处仿鱼子地，构图精妙。项圈与搭
扣接合处为涡纹。苗族认为，家有余粮
才有鼠，鼠因此登堂入室，卧于姑娘胸
前的项圈上。以牛鼠同图寓意五谷丰登，
构成了这个项圈的画面特色。

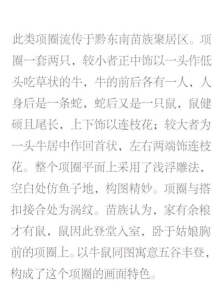

· 苗族戒指银项圈

· 尺寸：长 31 厘米、宽 26 厘米

· 重量：385.1 克

· 现代

此类项圈流行于贞丰苗族地区。活扣。银条成圈，用银丝串边并固定十六只凸花银戒作装饰，下坠蝴蝶瓜米吊饰。贞丰一带苗族原从黄平一带迁入，后黄平苗族的服饰及银饰因受汉文化的影响而发生了改变，而贞丰地区的苗族却保存了许多黄平苗族服饰及银饰的古制。黔东南黄平一带的苗族妇女也有戴此类项圈的，但比较少见。

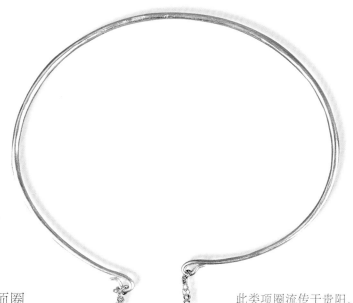

· 苗族百家宝银项圈
· 尺寸：全长 32.4 厘米
　　　　项圈直径 20.6 厘米
· 重量：169.8 克
· 现代

此类项圈流传于贵阳、安顺两地，一般一套多支，均为单数，为苗族人民在节日、婚礼、走亲时着盛装佩戴的项饰。该项圈用银条弯成，下端活口，系银链，银链下坠银锁，锁上錾刻"长命富贵"四字，均为汉字。

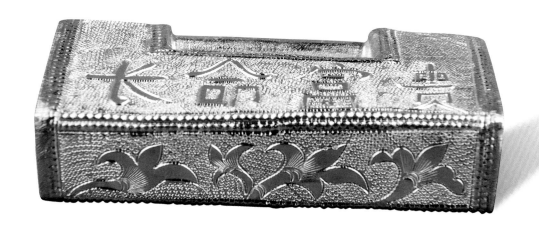

· 西江苗族银泡项圈

· 尺寸：全长 26.5 厘米
　　　项圈直径 26.5 厘米

· 重量：900.5 克

· 现代

该项圈流传于黔东南苗族聚居区，项圈一套三件，由两股铜条扭成藤状，顶端为活口，为黔东南地区苗族妇女最为常见的配饰，也是苗族银饰以大为美、以重为美审美观念最为直观的反映。该项圈的佩戴有比较严格的要求，一般是婚前戴三件，婚后一件。

· 苗族银泡项圈

· 尺寸：外径 29.5 厘米
　　　内径 17.8 厘米

· 重量：1290 克

· 现代

该项圈流传于黔东南苗族聚居区，一套三件，项圈由银丝缠绕制成，顶端为活口。为黔东南地区苗族妇女最为常见的配饰，也是苗族银饰以大为美、以重为美的审美观念最为直观的反映。该项圈的佩戴有比较严格的要求，一般是婚前戴三件，婚后戴一件。

施秉苗族银项圈

·尺寸：外径 21 ~ 27 厘米

　　　 内径 19 ~ 20.5 厘米

·重量：638 克

·现代

项圈由银丝缠绕制成，实体，活扣，素地无纹饰，造型古朴而简洁，充分体现了苗族银饰以重为富的特点。

·**苗族豆荚银项圈**

·尺寸：宽 29.7 厘米
　　　外径 24.7 厘米
　　　内径 22 厘米

·重量：606.8 克

·现代

该银项圈是将银条于中部锻打成
带状，弯曲成项圈，再往外弯曲，
经压模、锻打成豆荚状，项圈正
面錾刻对称连枝花，豆荚上为浅
浮雕折枝花纹样，空白处仿鱼子
地。此类项圈流传于都柳江一带
的苗族中。

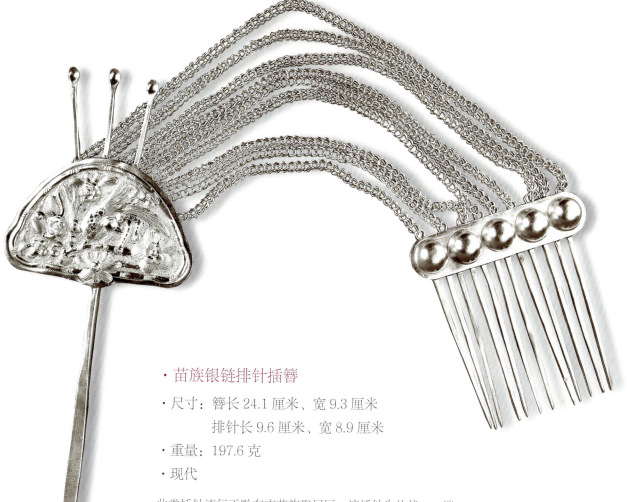

· **苗族银链排针插簪**

· 尺寸：簪长 24.1 厘米、宽 9.3 厘米

　　　　排针长 9.6 厘米、宽 8.9 厘米

· 重量：197.6 克

· 现代

此类插针流行于黔东南苗族聚居区。该插针为片状，一端较宽，近似半圆形，上錾刻鹡宇鸟纹饰，用九根银链与另一梳状插针相连。此类插针原本流行于关岭县苗族聚居区，传入黔东南地区后，插针的形制和纹样装饰均发生了变化。

· 苗族掐丝菊花银手镯

· 尺寸：长 22.6 厘米、宽 4.9 厘米

· 重量：337.1 克

· 现代

手镯以银片镂空成四排空白，于空白处用薄银片弯曲成形，焊接固定后作为项圈主体，再于中间两排焊接装饰掐丝菊花，菊花花心作乳钉状，活口处饰重瓣掐丝菊花。此类手镯流传范围甚广，在整个黔东南地区均有佩戴。

· 侗族錾龙凤宽边银手镯

· 尺寸：宽 4.8 厘米

· 重量：300.4 克

· 现代

此类手镯流传于黔东南地区，苗族、侗族均有佩戴，錾花为主要工艺。手镯宽边，两边渐窄，至末端拉成银条相互搭缠五圈成插销。其边棱突出，镯面錾双龙戏珠纹、祥云纹、火纹，纹饰精美。在苗族人民心目中，饰戴手镯是财富的象征。

· 苗族九凸花银手镯

- ·尺寸：外径6.4厘米
　　　　内径5.6厘米
- ·重量：259.8克
- ·现代

此类手镯流传于黔东南苗族地区。该手镯为四棱平行排列的扁带状，接口处为棱形银条缠绕呈螺旋状，镯面上铸九凸花，镯面底镂空花，两边掐丝。是苗族手镯中的传统款式，为苗族姑娘节日和出嫁时佩戴之物。

· 苗族龙纹银手镯

- ·尺寸：外径6.4厘米
　　　　内径5.6厘米
- ·重量：110.5克
- ·现代

这是一款传统手镯，活口，双头龙造型，龙头呈方形，用银丝扭结成漩涡纹龙角，龙身则由三股银丝扭结而成。其造型来源于苗族传说，据传双头龙是苗族始祖姜央的结拜兄弟，在很久以前，苗族地区出现了一种奇怪的病，用了各种药也无法治好。于是双头龙暗向天神祈祷，愿意舍身救众人。天神应允后，双头龙飞身跳下深不见底的"蚩尤井"，晚上双头龙托梦告诉众人，让他们去"蚩尤井"挑水洗澡以治病，众人因此而得救了。于是人们将双头龙作为手镯的造型，以纪念其救命之恩。

·苗族鎏金铍形银插针

·尺寸：全长 16.9 厘米
　　　　针长 8.6 厘米、宽 10 厘米

·重量：63.2 克

·现代

此类插针流行于黔东南地区。插针一套两
支，形似钺，表面錾刻太阳花和蝴蝶花，
上部呈连珠纹、条纹和花瓣纹，单边吊灯
笼叶片坠。这是一款受汉文化影响的发针，
佩戴时对称插于头顶发髻。

· 西江苗族银压领

· 尺寸：全长 61.5 厘米、外径 25.6 厘米

  内径 23.9 厘米、压领宽 23.5 厘米

· 重量：1194.4 克

· 现代

此类压领流行于雷山县西江镇，是在传统银饰的基础上改制加工而成。
该压领以项圈作为压领的系，项圈正面刻对称连枝花，下悬压领。压
领作心形，表面饰双龙、朵花、折枝花等，下端饰以鱼、叶、蝶等组
成的吊坠。该压领其实是苗族银饰中项圈与压领的组合体，是苗族银
匠在传统银饰造型的基础上加工、变化而来的，深受苗族群众的喜爱。

· 苗族茄子银耳环

- ·尺寸：茄子长 2.7 厘米
    钩长 4.3 厘米
- ·重量：27.7 克
- ·现代

该耳环采用仿生学的原理，将银条弯曲成为耳环的挂钩，同时也作为茄子的把，下面的挂坠部分完全仿制成茄子模样。在苗族银饰中，有许多利用仿生学原理，将自然界中的各种果实花朵仿制成银饰的。此耳饰是苗族银匠善于从大自然中捕捉灵感的又一体现。

· 西江苗族蝴蝶响铃银腰带

- ·尺寸：宽 4.5 厘米、高 2.5 厘米
    响铃吊坠长 6.5 厘米
- ·重量：203.2 克
- ·现代

这套响铃银腰带一套十六个，分别钉缀在三叉形的布腰带上，左右两边各三个，下摆五个。腰带银饰的纹样以蝴蝶为主体，下坠带链的响铃。佩戴时，将银腰带系于后腰，以达到满饰的效果。

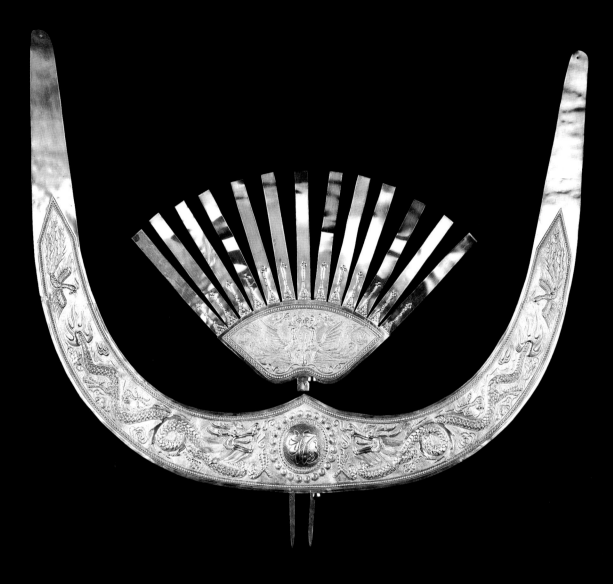

· 西江苗族大银角

· 尺寸：大银角宽 77.8 厘米、高 68.5 厘米
　　　　银扇宽 47 厘米、高 29.8 厘米
· 重量：1062.7 克
· 现代

这款银角以牛角为基本造型，银角中饰有一银扇，
作孔雀开屏状，下面为展翅相对的双凤。银角正面
压模二龙抢宝及花草图案，下置双股插针，佩戴时
常在银角顶端插上白色鸡毛，固定在银冠的支架上。
此类银角造型在雷山县西江镇苗族银饰中最具代表
性，是雷公山苗族银饰的代表。

· 西江苗族银衣片
· 尺寸：三角形衣角花边长 9.8 厘米
　　　　长方形衣角花长 6.9 厘米、宽 4.85 厘米
· 重量：412.2 克
· 现代

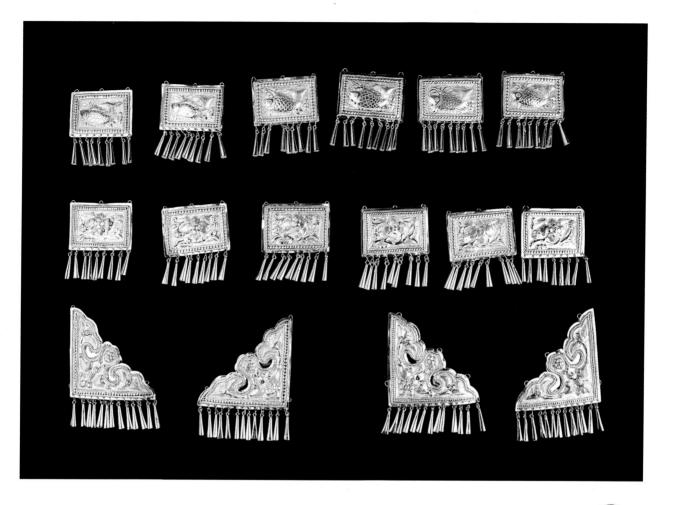

此类银衣片流传于雷山一带苗族聚居区，一套十六片，其中四片为
三角形，十二片为长方形。衣片皆用压模工艺压制出纹饰的轮廓，
再用錾刻精雕纹饰的细部线条。三角形衣角片以如意纹为主，间饰
花鸟纹，连珠纹勾边；长方形的衣片以鱼和折枝花为主体纹饰，其
中饰鱼者六片，折枝花者六片，也用连珠纹勾边。这套衣片下皆垂
以喇叭吊坠，边缘焊有银扣。逢各种节庆、祭祀、婚嫁等活动时用
线将衣片钉于衣服下摆，事后取下收藏，以防氧化变色。

· 西江苗族响铃银衣片

· 尺寸：鹡宇鸟蝴蝶银衣片1件，圆形，径13.5厘米；　　人抬鱼银衣片2件，长9.4厘米；
　　　　鱼形银衣片2件，长14.8厘米；　　　　　　　鹡宇鸟银衣片1件，长10.8厘米；
　　　　狮子纹银衣片2件，长10.4厘米；　　　　　　双鱼银衣片1件，长9.9厘米
　　　　人骑瑞兽纹银衣片2件，长8.8厘米；

· 重量：645.5克

· 现代

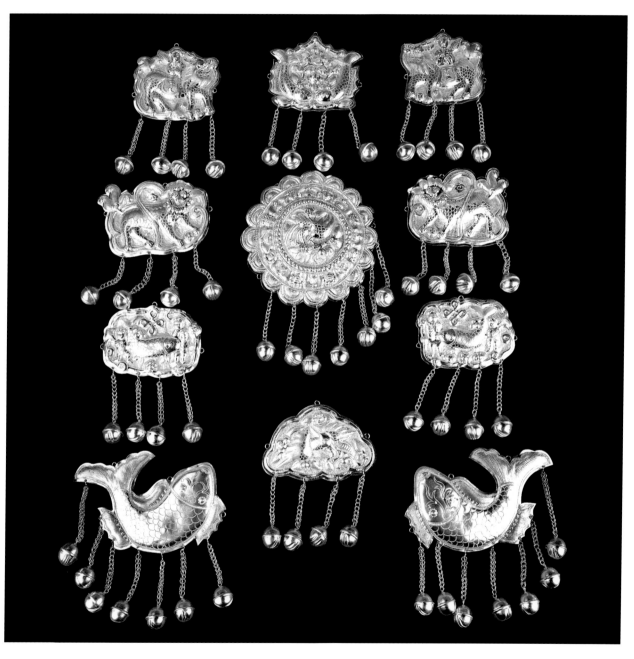

该银衣片流传于雷山县一带，采用镂刻及錾花工艺，分别装饰鹡宇鸟、龙、麒麟、狮子、鲤鱼等图案，每片下坠带链响铃。
重视身后的装饰，是苗族服饰工艺中比较普遍的现象，不同分支都尽可能将银衣大面积覆盖衣背，有的甚至故意将银衣片
层层叠压，追求繁缛的装饰效果，夸富功能也因此体现出来。

· 尺寸：大 6 件，方形，边长 9.8 厘米

中 7 件，长方形，长 8.3 厘米、宽 7.6 厘米

小 7 件，均采用内圆外方的构图，边长 7.2 厘米

· 重量：601.7 克

· 现代

这套银衣片一套共 20 片，分为大、中、小三种，基本为方形，均采用镂空工艺。装饰图案作圆形，形成内圆外方的格局，均以连珠纹为边，中间镂空浅浮雕麒麟、狮子、龙等瑞兽图案和喜登高枝、人骑狮子、人骑麒麟等吉祥图案。这类银衣片流传于台江施洞一带，因汉文化较早进入这一地区，这类银衣片即是汉文化中的祥瑞图案与苗族银饰的结合，体现了施洞苗族以本民族文化为核心、兼收并蓄的文化特征。

・雷山蕾形银玉钩

・尺寸：长方形的长 6 ～ 7.5 厘米

　　　　宽约 3.5 厘米

　　　　涡形纹的直径为 2.7 厘米

・重量：276.3 克

・现代

该玉钩一套 15 件。分两类。一类为长
方形，压膜制成，饰鹌宇鸟、朵花图
案；另一类为四个涡形组成的近方形
制。此类玉钩流传于雷山县一带，以
银条卷成，中间为乳钉。使用时钉缀
于布上，戴于前额。

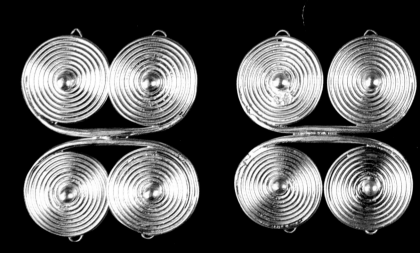

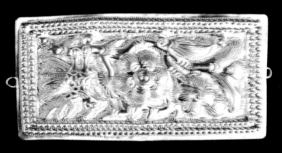

· 苗族百页银项圈

· 尺寸：

大：最大外径 36.5 厘米、最宽 7.9 厘米；

中：最大外径 29 厘米、最宽 6.5 厘米；

小：最大外径 25.8 厘米、最宽 4.9 厘米

· 重量：333 克

· 现代

一套三件，此类银项圈流传于剑河县的部分苗族聚居区，由三只从小到大的项圈组成，制作者将银条锻打成片状项圈，然后折叠成三角形枫叶图案，三只项圈层层覆盖，佩戴时，因光线反射而耀眼生辉，极为富丽。

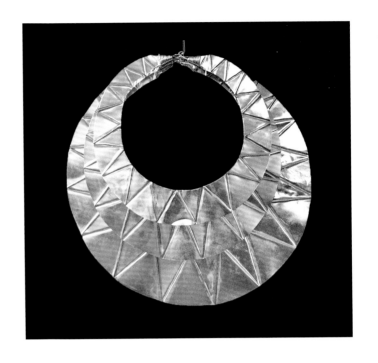

· 苗族银项链

· 尺寸：全长 117 厘米

· 重量：1337.6 克

· 现代

该银链制作工艺极为简单，仅将银条弯成亚腰形银链扣，环环相扣而成，素地无纹饰。流传于黔东南地区。

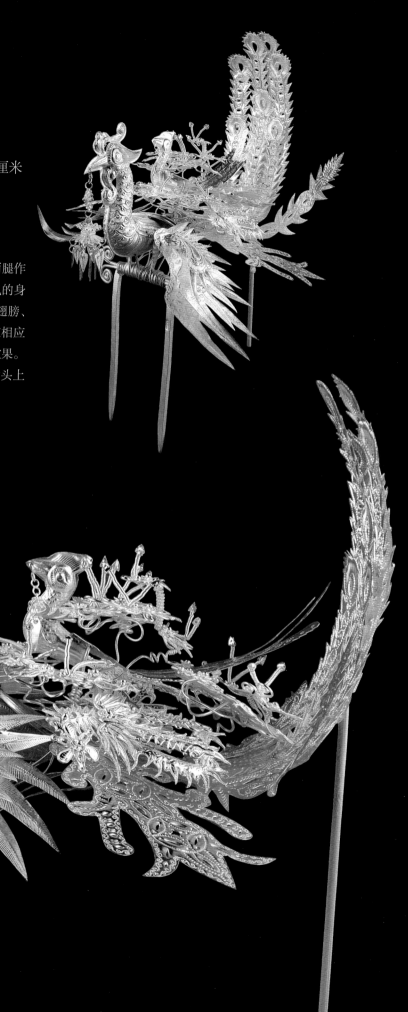

苗装银凤凰

- 尺寸：身长 32 厘米
  展翅最宽 20 厘米、通高 23 厘米
  针长 12 厘米
- 重量：386.3 克
- 现代

这种银凤凰纯为装饰品。制作时将凤凰的两腿作为插针，将凤凰的身体捆绑固定其上，凤凰的身体用银片压模、拼合组装而成。凤凰的羽毛、翅膀、尾羽等均镂空剪切而成，用银丝捆绑固定在相应的部位。背上再立一小凤凰，形成立体装饰效果。此类银凤凰流传于台江施洞一带，着盛装时头上不插银扇，仅仅佩戴银凤凰即可。

后 记

　　贵州是一个多民族的省份，在这片美丽的土地上世代居住的少数民族具有悠久的历史，并创造出了灿烂的民族文化。此次《霓裳银装——贵州少数民族民俗风情展》通过贵州少数民族服饰的造型；服饰与历史、文化、习俗的深层次关系；服饰独特的装饰工艺以及精美的少数民族银饰四个部分，全方位地展现了贵州少数民族服饰造型的千姿百态，文化习俗的生动有趣，装饰技艺的巧夺天工，霓裳银装的美不胜收，立体、直观地揭示出贵州少数民族文物所蕴含的历史文化内涵。

　　贵州少数民族服饰是中华民族文化宝库中的奇葩，展览所介绍的仅仅是其中一部分，让人们无需远足，就能领略民族服饰在少数民族生活中的神韵，更直观地感受贵州民族文化更深层次的魅力，见证中华民族文化中的奇葩所放射出的异彩。

Epilogue

Guizhou is a multinational province. Minorities, living in the beautiful land for generations, have long history and create splendid national culture. The "Rainbow-colored and Silver Ornamented Costume – Exhibition of Folk-custom of Minorities in Guizhou" include four parts: costume patterns of minorities in Guizhou; deep layer relationship between costume and history, culture and custom; unique ornament workmanship of costumes; and minorities' exquisite silver ornaments. Through the four parts display, diversified costume patterns of minorities of Guizhou, lively and interesting cultural customs, superb craftsmanship of ornament skill, and amazing rainbow-colored and silver ornamented costumes will be fully revealed; also the historical culture connotation implied in the cultural relics will be disclosed.

Minorities' costume in Guizhou is outstanding in the treasure-house of Chinese national culture. The exhibition only displays part of them, without outing, the charm of national costume in minorities' life can be appreciated, deep layer charm of national culture of Guizhou can be directly tasted, and extraordinary splendors will be radiated from the treasure-house of Chinese national culture.

主　　编：李进增　陈永耘

编委会委员：李黔滨　梁应勤　张兰冰　李　彤
　　　　　　朱良津　魏　瑾　陈维他　李建军

图录撰稿：陈永耘　王　舒　刘秀丹　张桂林
　　　　　吴仕忠　纳　蕾　吴一方　金飞尧

资料提供：贵州省博物馆

翻　　译：利兰斌

装帧设计：雅昌深圳设计中心

责任印制：陈　杰

责任编辑：李　东

图书在版编目（CIP）数据

霓裳银装：贵州少数民族文物辑萃 / 李进增、陈永
耘主编 . ——北京：文物出版社，2012.6

ISBN 978-7-5010-3485-7

Ⅰ . ①霓… Ⅱ . ①李…②陈… Ⅲ . ①少数民族—民
族服饰—历史文物—贵州省—图集 Ⅳ . ① K875.22

中国版本图书馆 CIP 数据核字 (2012) 第 134824 号

霓裳银装——贵州少数民族文物辑萃

编　　著：宁夏博物馆　贵州省博物馆

出版发行：文物出版社

社　　址：北京市东直门北小街 2 号楼

网　　址：http: //www.wenwu.com

经　　销：新华书店

印　　制：深圳雅昌彩色印刷有限公司

开　　本：889mm×1194mm　1/16

字　　数：10.2 万

印　　张：15.5

版　　次：2012 年 6 月第 1 版

印　　次：2012 年 6 月第 1 次印刷

书　　号：ISBN 978-7-5010-3485-7

定　　价：238.00 元